QICHE KONGTIAO XITONG GOUZAO YUANLI YU CHAIZHUANG WEIXIU

汽车空调系统
构造原理 与 拆装维修

图解+视频

陈虎 等编著

化学工业出版社

·北京·

本书系统介绍了汽车空调系统的构造原理和拆装维修方法，涵盖汽车空调系统的作用、分类、使用、组成、维护、保养、电控、性能检查、拆装维修、检修更换、故障排除与实例等内容。重点讲解维修操作步骤和要领，较复杂难懂的内容采用了"微视频教学与文字内容相结合"的形式进行介绍，直观易懂，便于掌握。

本书可作为汽车维修技术快速入门和提高的指导书，也可作为汽车维修培训机构以及职业技术院校汽车相关专业师生的参考教材。

图书在版编目（CIP）数据

汽车空调系统构造原理与拆装维修／陈虎等编著. —北京：化学工业出版社，2019.7（2025.7重印）
ISBN 978-7-122-34124-2

Ⅰ.①汽… Ⅱ.①陈… Ⅲ.①汽车空调-构造②汽车空调-维修 Ⅳ.① U463.850.3 ② U472.41

中国版本图书馆 CIP 数据核字（2019）第 051156 号

责任编辑：黄　滢　　　　　　　　　　装帧设计：王晓宇
责任校对：刘　颖

出版发行：化学工业出版社（北京市东城区青年湖南街13号　邮政编码100011）
印　　装：北京天宇星印刷厂
710mm×1000mm　1/16　印张12　字数194千字　2025年7月北京第1版第3次印刷

购书咨询：010-64518888　　　　　　　售后服务：010-64518899
网　　址：http://www.cip.com.cn
凡购买本书，如有缺损质量问题，本社销售中心负责调换。

定　价：69.00元　　　　　　　　　　　　　　　版权所有　违者必究

前 言

汽车空调系统 构造原理与拆装维修

汽车空调是汽车的关键部件之一,无论是保养、维护还是维修都要涉及此部件,而且由于一年四季换季及气候变化等因素的影响,使得汽车空调系统更加容易出故障,因此汽车空调维修是汽车维修技术人员必备的基本功。

本书结合现代主流车系和车型,以图、文、表相结合的方式,系统介绍了现代汽车手动空调和自动空调的原理构造、检查更换和拆装维修的方法、步骤、要领。全书内容共分八章,依次为空调系统的作用和分类、组成和工作原理、维护和保养、电路和控制原理、性能检查、零部件拆装、检查和更换、故障快速检修和排除方法、故障诊断和排除实例。

本书在编写过程中,力求体现以下几大特色。

❶ 内容翔实具体、针对性强,维修方法可靠,有利于从事汽车空调保养和维修的技术人员快速入门与提高。

❷ 介绍内容时循序渐进,尽可能使用通俗易懂的语言进行讲解,能用图表表达的尽量用图表表达。

❸ 重点介绍维修操作步骤和要领,对较复杂、难于理解的操作,配备操作视频,以二维码的形式印刷在书内。读者可在阅读本书的过程中,用手机或者其他电子设备扫一扫书中相应章节的二维码,即可观看视频讲解。将视频内容和文字内容对照学习,更加直观易懂,学习过程事半功倍。

本书适合从事汽车空调保养和维修的技术人员使用，也可作为汽车维修培训机构以及职业技术院校汽车相关专业师生的参考教材。

本书由陈虎、顾惠烽、罗永志、冼绕泉、杨沛洪、彭川、陈浩、刘晓明、李金胜、钟民安、杨立、郑启森、潘平生、冼锦贤、王兴、周迪培、刘春宁、丘会英、黄木带、顾森荣、张运宇、黄俊飞、冼志华、陈志雄编著。在编写过程中参考了相关文献、资料及原车维修手册，在此一并表示感谢！

由于笔者水平有限，书中不妥之处在所难免，敬请广大读者批评指正。

编著者

目录

第一章　认识汽车空调系统

第一节　汽车空调系统的作用 …………………………………… 1
第二节　汽车空调的分类 ………………………………………… 2
第三节　汽车空调的使用 ………………………………………… 4

第二章　汽车空调系统的组成与工作原理

第一节　汽车空调系统的组成 …………………………………… 8
第二节　汽车空调制冷系统的构造和工作原理 ………………… 9
第三节　汽车空调暖风系统的构造和工作原理 ………………… 18
第四节　汽车空调通风和空气净化系统的组成及工作原理 …… 19
第五节　汽车空调系统传感器的作用和工作原理 ……………… 21

第三章　汽车空调系统的维护与保养

第一节　汽车空调系统日常维护 ………………………………… 24
第二节　汽车空调系统定期维护 ………………………………… 27
第三节　汽车空调系统保养检查方法 …………………………… 27

第四节　制冷剂检查 ······························· 30
第五节　空气滤清器的清洁或更换 ················· 32

第四章　汽车空调控制系统的电路及控制原理

第一节　汽车空调控制系统的组成 ················· 36
第二节　汽车空调控制系统电路图 ················· 37
第三节　汽车空调控制系统的控制原理 ············· 38

第五章　汽车空调性能检查

第一节　安全操作注意事项 ······················· 42
第二节　空调系统压力测试 ······················· 44
第三节　制冷剂的鉴别 ··························· 45
第四节　制冷剂回收与加注 ······················· 51
第五节　电子式卤素检漏仪的使用 ················· 62
第六节　空调诊断仪的使用 ······················· 64

第六章　汽车空调系统零部件拆装、检查和更换

第一节　鼓风机的拆卸和安装 ····················· 73
第二节　压缩机的拆卸、检查和安装 ··············· 84
第三节　冷凝器的拆卸和安装 ····················· 88
第四节　车内温度传感器的检查和更换 ············· 92
第五节　环境温度传感器的检查和更换 ············· 95
第六节　前蒸发器温度传感器的检查和更换 ········· 97
第七节　阳光传感器的检查和更换 ················· 104
第八节　检查空调压力传感器 ····················· 107
第九节　空调面板拆装 ··························· 108

第七章 空调系统故障快速检修与故障排除方法

第一节 根据表压力快速检修与故障排除方法…………………… 117
第二节 制冷时压缩机不能启动故障快速检修与故障排除方法 …… 124
第三节 断断续续有冷气流出故障快速检修与故障排除方法 …… 125
第四节 只在高速时有冷气故障快速检修与故障排除方法 ……… 125
第五节 冷风量不足,蒸发器及低压管大量结霜故障快速检修
与故障排除方法 ………………………………………………… 126
第六节 压缩机不能正常自动停转故障快速检修与故障排除方法 … 126
第七节 低压侧压力过高,高压侧压力过低故障快速检修与故障
排除方法 ………………………………………………………… 127
第八节 视液镜中有浑浊气泡故障快速检修与故障排除方法 ……… 127

第八章 空调系统故障诊断与排除实例

第一节 概述 ……………………………………………………… 128
第二节 车内温度传感器电路（B1411/11）故障诊断与排除……… 132
第三节 环境温度传感器电路（B1412/12）故障诊断 …………… 136
第四节 蒸发器温度传感器电路（B1413/13）故障诊断与排除… 139
第五节 乘客侧阳光传感器电路（B1421/21）故障诊断与排除… 142
第六节 压力传感器电路（B1423/23）故障诊断与排除 ………… 145
第七节 乘客侧空气混合风门控制伺服电动机电路（B1441/41）
故障诊断与排除 ………………………………………………… 150
第八节 进气风门控制伺服电动机电路（B1442/42）故障诊断与
排除 ……………………………………………………………… 151
第九节 出气风门控制伺服电动机电路（B1443/43）故障诊断与
排除 ……………………………………………………………… 153
第十节 压缩机电磁阀电路（B1451/51）故障诊断与排除 ……… 154

第十一节　BUS IC 通信故障（B1497/97）故障诊断与排除……… 157

第十二节　鼓风机电动机电路故障诊断与排除……………… 160

第十三节　加热器控制面板电源电路故障诊断与排除………… 165

第十四节　PTC 加热器电路故障诊断与排除………………… 167

第十五节　前大灯信号电路故障诊断与排除………………… 173

第十六节　发电机信号电路故障诊断与排除………………… 175

第十七节　IG 电源电路故障诊断与排除…………………… 177

第十八节　LIN 通信电路故障诊断与排除………………… 180

参考文献

视频索引

为便于读者对照学习，同一视频会在本书相关章节重复出现

- 汽车空调的功用 /1
- 汽车空调总体认识 /8
- 汽车空调的组成及作用 /9
- 蒸发箱和膨胀阀的检查 /13,15
- 涡旋式压缩机的分解 /13,84
- 涡旋式压缩机的安装 /13,84
- 检查储液干燥罐 /14
- 检查冷凝器和风扇 /14
- 汽车空调采暖系统 /18
- 汽车空调通风系统 /19
- 汽车空调通风原理 /19
- 清洗空调通风管道 /19
- 汽车空调净化系统 /21
- 汽车空调制冷剂的介绍 /30,45
- 添加制冷剂 /30
- 汽车空调滤清器的更换 /32

- 清洁空调滤清器 /34
- 检查空调出风口温度 /44
- 汽车空调系统压力检测 /45
- 汽车空调滤芯的作用 /46
- AC350 仪器的检查与空调管路的连接 /51
- 汽车空调冷冻润滑油的作用 /51
- AC350 仪器的回收制冷剂 /52
- AC350 仪器的系统抽真空 /57
- 汽车空调系统抽空 /57
- AC350 仪器的充注制冷剂 /61
- AC350 仪器的对高低压维修阀口进行检漏作业 /63
- 汽车空调系统检漏 /63
- 检查鼓风机 /73
- 检查鼓风机出风量 /83

第一章 认识汽车空调系统

第一节 汽车空调系统的作用

现代汽车空调系统有 4 种功能，每一种功能都是为了使乘客感到舒适（图 1-1）。

（1）空调系统能控制车厢内的气温，既能加热空气，也能冷却空气，以便把车厢内温度控制到舒适的水平。

（2）空调系统能够排除空气中的湿气。干燥空气能吸收人体汗液，可以营造更舒适的环境。

（3）空调系统可吸入新风，具有通风功能。

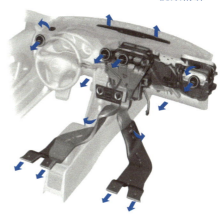

图 1-1 汽车空调系统

（4）空调系统可过滤空气，排除空气中的灰尘和花粉。

第二节　汽车空调的分类

一、按控制分类

1. 手动空调

手动空调只能用手对冷/热风的温度和风量进行粗略的分级调节，不能设定车内空调的具体温度（图 1-2）。

优点　成本低廉，机械式操控，结构简单。

缺点　操作负载大，不能精确控温，与高档内饰不协调。

图 1-2　手动空调控制面板

2. 半自动空调

不能精确控温，可以自动调节风门。

优点　操作负载小，可以自动控制，成本适中。

缺点　无法精确控温，风速自己调节。

3. 自动空调

由乘员操作，自动调节风速和风量，使车厢内温度迅速达到并保持在设定的温度上（图 1-3）。

图 1-3　自动空调控制面板

自动空调可以自动调节鼓风机转速、进气模式、工作模式以及压缩机的运行；有温控探头，可以自动控制压缩机启停，自动调节风量。

优点 智能化恒温控制，舒适性极佳，操作运行可视化，负载小。

缺点 成本高，维修难度大。

二、按压缩机驱动分类

1. 独立式空调

独立式空调又称主动式空调，由专用空调发动机来驱动（辅助发动机驱动）制冷压缩机。独立式空调系统的制冷量大，其运行过程稳定，不受主发动机工作情况的影响，但成本高，体积及重量大，多用于制冷量较大的大中型客车上。

2. 非独立式空调

非独立式空调又称被动式空调，由汽车发动机直接驱动制冷压缩机。这种空调结构紧凑，但其消耗发动机 10% ～ 15% 的功率，降低汽车后备功率，影响发动机的动力性，工作稳定性较差。一般小型客车和轿车采用非独立式空调（图 1-4）。

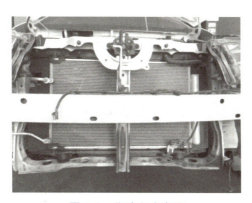

图 1-4　非独立式空调

三、按功能分类

1. 单一功能型

单一功能型指冷风、暖风各自独立，自成系统，一般用于大中型客车和载货汽车上。单一功能型又可分为单一取暖和单一制冷两种型式。

2. 冷暖一体型

冷暖一体型是指冷风、暖风合用一台鼓风机、一个风道及一套操纵机构。在制冷系统的基础上增装加热器及暖风出口。

这种结构又可分为冷风、暖风分别工作和冷风、暖风同时工作两种方式。冷暖一体型汽车空调结构紧凑，操作方便，需要驾驶员用手控制其出风量和冷暖转化模式（也就是常说的手动空调），增加了驾驶员行车时的操作，多用于轿车上。

3. 全功能型

全功能型空调是在冷暖一体型空调的基础上改良而来的，这种型式的汽车空调集制冷、供暖、除霜、去湿、通风、净化等功能于一体，可同时工作，实现从冷到热连续温度的调节。

第三节　汽车空调的使用

一、手动空调的使用

手动空调的风量、出风模式和温度等均为手动调节（图1-5）。

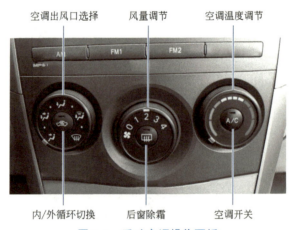

图1-5　手动空调操作面板

1. 挡风玻璃及侧窗除霜

冬季，汽车在室外停放一夜，第二天挡风玻璃上经常会出现结霜现象，此时建议做下列调节。

（1）将出风模式选择旋钮调至挡风玻璃除霜（ ）。
（2）鼓风机风量开至最大（4挡）。
（3）温度调至最高（最右）。

2. 挡风玻璃及侧窗除雾

由于空气潮湿致使挡风玻璃和侧窗结雾时，建议做下列调节。
（1）将出风模式选择旋钮调至除雾及吹脚（ ）。
（2）根据温度情况，将温度调节旋钮调至合适的位置（蓝色区域）。
（3）鼓风机风量开至最大（4挡）。
（4）将空调开至制冷模式，使压缩机运行（开关上的信号灯亮起），从而能够快速、有效地消除挡风玻璃及侧窗上的雾气，确保行车安全。

3. 车内快速取暖

如果希望将车厢内的温度迅速升高至某一高温状态，建议做下列调节。
（1）将出风模式选择旋钮调至吹脚（ ）。
（2）温度调至最高（最右）。
（3）鼓风机风量开至最大（4挡）。
（4）开启内循环。

4. 车内舒适取暖

当车厢内所需温度已达到时，建议用如下取暖方式。
（1）将出风模式选择旋钮调至除雾及吹脚（ ）。
（2）根据温度情况，将温度调节旋钮调至合适的位置（蓝色区域）。
（3）鼓风机风量开至合适挡位（1～3挡）。

5. 通风

暖风切断后，关闭内循环，进入外循环模式，各出风口输出的都是新鲜空气。

6. 最大制冷

当车厢外环境温度较高，希望将车厢内温度最大限度降低时，建议做下列调节。
（1）关闭所有车门和车窗。
（2）将空调开至制冷模式，使压缩机运行（开关上的信号灯亮起）。
（3）将出风模式选择旋钮调至正面出风（ ）。
（4）温度调至最低（最左）。

（5）鼓风机风量开至最大（4挡）。

（6）正面出风口拨叉（图1-6）位于全开位置（最上）。

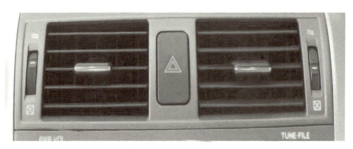

图1-6　正面出风口拨叉

7. 一般制冷

（1）将空调开至制冷模式，使压缩机运行（开关上的信号灯亮起）。

（2）将出风模式选择旋钮调至正面出风（ ）。

（3）根据温度情况，将温度调节旋钮调至合适的位置（蓝色区域）。

（4）鼓风机风量开至合适挡位（1～3挡）。

（5）正面出风口拨叉可以位于合适位置，但必须有一个出风口常开，否则制冷系统将会结冰，或导致压缩机频繁通断。

二、自动空调的使用

自动空调的风量、出风模式、温度等均为自动调节（图1-7）。如果手动设定温度，那么其他都根据设定温度自动调节。

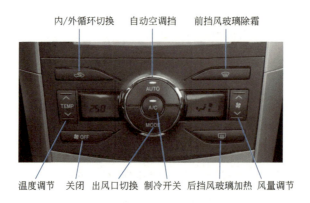

图1-7　自动空调面板

1. 自动空调手动调节

出风口和鼓风机转速根据温度设置自动进行调节。

（1）调节温度：按下开关 [TEMP] 上的 ⌃ 升高温度，按 ⌄ 降低温度。

（2）调节鼓风机转速：按下开关 [❁] 上的 ⌃ 提高风扇转速，按 ⌄ 降低风扇转速，风扇转速显示在屏幕上。按下 [❁ OFF] 关闭风扇。

（3）改变出风口：按下"MODE"，每按一下此按钮，可切换一次出风口。显示屏上显示的气流说明如下。

① ⤵j：吹脸。

② ⤸j：吹脸/脚部。

③ ⤷j：吹脚。

④ 〰j：吹脚/除霜。

（4）在车外空气模式和空气再循环模式之间切换时按下 [🚗]，每按一下此按钮，即在车外空气模式（指示灯熄灭）和空气再循环模式（指示灯点亮）之间切换一次。如果长时间采用空气再循环模式，则车窗更容易起雾。

（5）给挡风玻璃除雾：在挡风玻璃需要除雾的情况下，空气再循环模式可能会自动切换至车外空气模式。

2. 使用自动模式时需按下"AUTO"键

鼓风机转速根据温度设置和环境状况自动进行调节。因此，可能发生下列情况。

（1）在夏季，当选择最低温度设置时，系统将自动切换到空气再循环模式。

（2）按下"AUTO"键后，鼓风机可能不会立即转动，直到暖气或冷气已准备妥当才会进行送风操作。

（3）加热器打开时，冷气可能会吹向上身周围。

第二章 汽车空调系统的组成与工作原理

第一节 汽车空调系统的组成

汽车空调系统包括制冷系统、供暖系统、通风和空气净化装置及控制系统等。汽车空调系统的组成如图 2-1 所示。

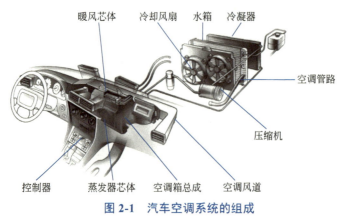

图 2-1 汽车空调系统的组成

视频精讲

第二节 汽车空调制冷系统的构造和工作原理

汽车空调制冷系统主要由压缩机总成、蒸发器总成、冷凝器总成等构成（图 2-2）。

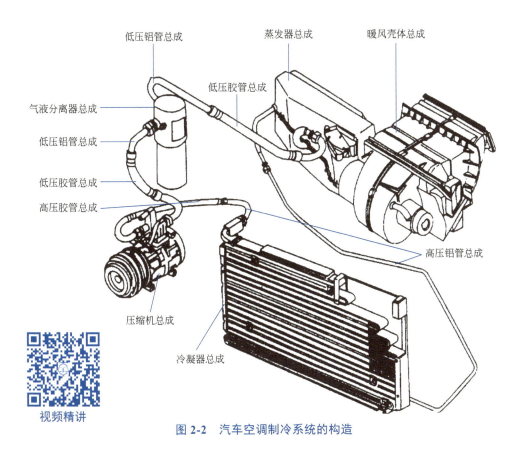

图 2-2 汽车空调制冷系统的构造

由发动机驱动的压缩机将气态的制冷剂从蒸发器中抽出，并将其压入冷凝器。高压气态制冷剂经冷凝器时液化而进行热交换（释放热量），热量被车外的空气带走。高压液态制冷剂经膨胀阀的节流作用而降压，低压液态制冷剂在蒸发器中气化而进行热交换（吸收热量），蒸发器附近被冷却了的空气通过鼓风机吹入车厢。气态制冷剂又被压缩机抽走，泵入冷凝器，如此使制冷剂进行封闭的循环流动，不断将车厢内的热量排到车外，使车厢内的气温降至适宜的温度（图 2-3）。

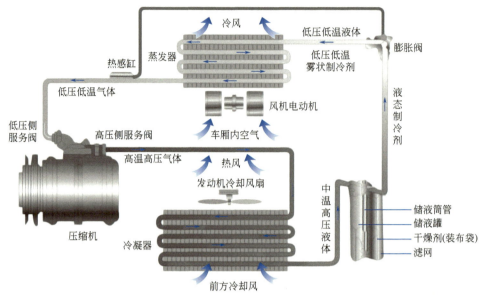

图 2-3 制冷系统的工作原理

一、压缩机的作用及工作原理

1. 压缩机的作用

压缩机（图 2-4）是汽车空调制冷系统的"心脏"，其作用是维持制冷剂在制冷系统中的循环，吸入来自蒸发器的低温低压制冷剂蒸气，压缩制冷剂蒸气使其压力和温度升高，并将制冷剂蒸气送往冷凝器。

图 2-4 压缩机

2.压缩机的工作原理

（1）定排量压缩机（图 2-5）。定排量压缩机的排气量随着发动机转速的提高而成比例提高，它不能根据制冷的需求而自动改变功率输出，而且对发动机油耗的影响比较大。它的控制一般通过采集蒸发器出风口的温度信号，当温度达到设定的温度时，压缩机电磁离合器松开，压缩机停止工作；当温度升高后，电磁离合器结合，压缩机开始工作。定排量压缩机也受空调系统压力的控制，当管路内压力过高时，压缩机停止工作。

图 2-5 定排量压缩机

（2）变排量压缩机（图 2-6）。变排量压缩机可以根据设定的温度自动调节功率输出。空调控制系统不采集蒸发器出风口的温度信号，而是根据空调管路内压力的变化信号控制压缩机的压缩比来自动调节出风口温度。在制冷的全过程中，压缩机始终是工作的，制冷强度的调节完全依赖装在压缩机内部的压力调节阀来控制。当空调管路内高压端的压力过高时，压力调节阀缩短压缩机内活塞行程以减小压缩比，这样就会降低制冷强度；当高压端压力下降到一定程度，低压端压力上升到一定程度时，压力调节阀则增大活塞行程以提高制冷强度。

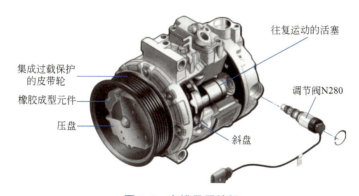

图 2-6 变排量压缩机

（3）常见压缩机的结构和应用。

① 曲柄连杆式压缩机。曲柄连杆式压缩机由气缸垫、气缸套、活塞、连杆、轴承、曲轴、放油螺塞等组成（图 2-7）。

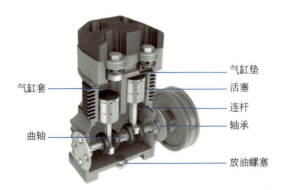

图 2-7　曲柄连杆式压缩机的结构

曲柄连杆式压缩机无法实现较高转速，机器大而重，不容易实现轻量化；排气不连续，气流容易出现波动，而且工作时有较大的振动，所以已经很少有小排量压缩机采用这种结构型式，曲轴连杆式压缩机目前大多应用在客车和卡车的大排量空调系统中。

② 旋叶式压缩机。旋叶式压缩机由压板、皮带轮、电磁线圈、轴承、转子、叶片、阀片组、定子、O 形密封圈、过滤板座等组成（图 2-8）。

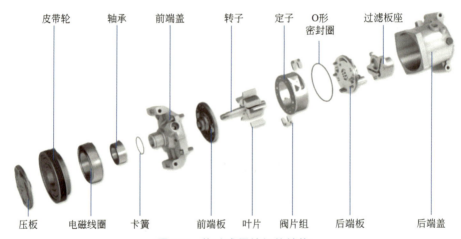

图 2-8　旋叶式压缩机的结构

作为第 3 代压缩机，由于旋叶式压缩机的体积和重量可以做得很小，易于在狭小的发动机舱内进行布置，加之噪声和振动小以及容积效率高等优点，在汽车空调系统中得到了一定的应用。但是旋叶式压缩机对加工精度要求很高，制造成本较高。

③ 涡旋式压缩机。涡旋式压缩机由皮带轮、钢球、进气口、排气口、排气阀、动涡旋体、静涡旋体、缸体等组成（图 2-9）。

图 2-9　涡旋式压缩机结构

涡旋式压缩机可以称为第 4 代压缩机。涡旋式压缩机以其结构紧凑、高效节能、微振低噪以及工作可靠等优点，在小型制冷领域获得越来越广泛的应用，也因此成为压缩机技术发展的主要方向之一。

二、蒸发器的作用及工作原理

1. 蒸发器的作用

蒸发器（图 2-10）的作用是将从膨胀阀出来的低压制冷剂蒸发而吸收车内空气的热量，从而达到车内降温的目的。蒸发器有管片式、管带式和层叠式。目前我国轿车上主要采用全铝层叠式和管带式蒸发器，大型客车上主要采用铜管铝片式蒸发器，中型客车上几种型式都有，以管带式为主。

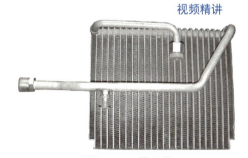

图 2-10　蒸发器

2. 蒸发器的工作原理

从膨胀阀或节流孔管流出、直接进入蒸发器的制冷剂由于体积突然膨胀而变成低温低压雾状物微粒液体。这种状态的制冷剂很容易气化，气化时将吸收周围大量的热量，空调风机强制使进入车内的空气从蒸发器表面流过，通过管片将热量传给蒸发器内的制冷剂,通过吸收热量使液态的制冷剂气化。

三、冷凝器的作用及工作原理

1. 冷凝器的作用

冷凝器(图 2-11)最重要的作用就是完成制冷系统的热量交换。冷凝器是汽车空调中的散热装置,将压缩机压缩过程中冷媒产生的热量发散到车外空间中,使压缩机出来的高温高压气体变为中温高压液体。

图 2-11　冷凝器

视频精讲

2. 冷凝器的工作原理

制冷剂被压缩机压缩到冷凝器,冷凝器的末端有毛细管,毛细管会产生阻力,使从压缩机压缩过来的气态制冷剂液化而达到放热的效果。

四、储液干燥器的作用及工作原理

1. 储液干燥器在空调系统中的作用

由于汽车空调正常工作时,制冷剂的供应量大于蒸发器的需要量,所以高压侧液态制冷剂有一定的储存量;同时,随着季节的变化,在系统不运行或检修、更换系统内的零件时,可以将系统中的制冷剂收入到高压侧进行储存,以免制冷剂泄漏。因此在汽车空调制冷系统中,需设置储液干燥器(图 2-12)来临时存储冷凝器液化的制冷剂并进行干燥和过滤处理。

储液干燥器用于膨胀阀式制冷循环,其具体作用体现在以下 3 个方面。

(1)储存制冷剂。接收从冷凝器来的液体并加以储存,根据蒸发器的需要提供所需制冷剂量。

(2)过滤杂质。将系统中经常出现的杂质、脏物,如锈迹、污垢、金属粒等过滤掉,这些杂质、脏物会损伤压缩机气缸壁和轴承,还会堵塞过滤网和膨胀阀。

（3）吸收湿气。汽车空调制冷系统中湿气要求越少越好，因为湿气会造成"冰塞"并腐蚀系统管道等，使之不能正常工作。

2. 储液干燥器的结构及工作原理

储液干燥器由干燥器盖、干燥器体、引出管、过滤部分、干燥部分组成。干燥器盖上设有进液孔和出液孔，并装有视液玻璃和易熔塞。易熔塞的中部开有小孔，孔中灌有低熔点金属。当高压侧压力达到 2.9MPa、温度达到 95℃时，低熔点金属熔化，并把制冷剂排放到大气中去，防止整个系统遭受损坏。视液玻璃用来观察制冷系统内制冷剂的流动状况。

有些储液干燥器上还装有维修阀，供维修制冷系统安装压力表和加注制冷剂之用；有些车型的储液干燥器上装有压力开关，可在系统压力不正常时，中止压缩机工作（图 2-13）。

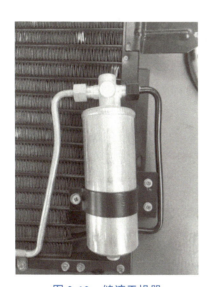

图 2-12　储液干燥器

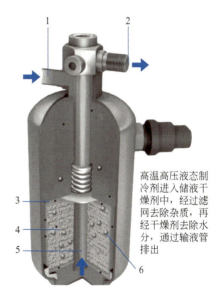

高温高压液态制冷剂进入储液干燥剂中，经过滤网去除杂质，再经干燥剂去除水分，通过输液管排出

图 2-13　储液干燥器的工作原理
1—制冷剂入口；2—制冷剂出口；3—过滤网；
4—干燥剂；5—输液管；6—水分

五、膨胀阀的作用及分类

1. 膨胀阀的作用

膨胀阀安装在蒸发器入口处，主要作用有 2 个。

（1）节流作用。高温高压的液态制冷剂经过膨胀阀的节流孔节流后，成为低温低压的雾状制冷剂，为制冷剂的蒸发创造条件。

（2）控制制冷剂的流量。进入蒸发器的液态制冷剂，经过蒸发器后，制冷剂由液态蒸发为气态，吸收热量，降低车内的温度。膨胀阀控制制冷剂的流量，保证蒸发器的出口完全为气态制冷剂，若流量过大，出口含有液态制冷剂，可能进入压缩机产生液击；若流量过小，提前蒸发完毕，造成制冷不足。

2. 膨胀阀的分类

膨胀阀按照平衡方式不同，分内平衡式和外平衡式。外平衡式膨胀阀又分为 F 型和 H 型两种结构型式。

（1）内平衡式膨胀阀的结构和工作原理（图2-14、图2-15）。热敏管内充注制冷剂，放置在蒸发器出口管道上，热敏管和膜片上部通过毛细管相连，感受蒸发器出口制冷剂温度，膜片下面感受到的是蒸发器入口压力。如果空调负荷增加，液压制冷剂在蒸发器内提前蒸发完毕，则蒸发器出口处制冷剂温度将升高，膜片上压力增大，推动阀杆使膨胀阀开度增大，进入到蒸发器中的制冷剂流量增加，制冷量增大；如果空调负荷减小，则蒸发器出口制冷剂温度降低，以同样的作用原理使得阀开度减小，从而控制制冷剂的流量。

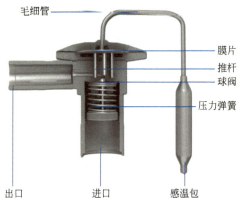

图 2-14　内平衡式膨胀阀的结构

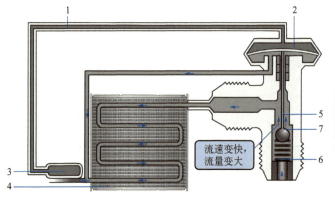

图 2-15　内平衡式膨胀阀的工作原理

1—毛细管；2—膜片；3—感温包；4—蒸发器；5—阀杆；6—压力弹簧；7—球阀

（2）外平衡式膨胀阀的结构和工作原理（图2-16、图2-17）。

① F型膨胀阀。外平衡式F型膨胀阀与内平衡式膨胀阀的工作原理基本相同，区别是：内平衡式膨胀阀膜片下面感受到的是蒸发器入口压力，而外平衡式F型膨胀阀膜片下面感受到的是蒸发器出口压力。

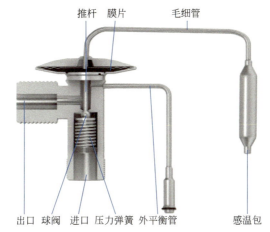

图2-16 外平衡式膨胀阀的结构

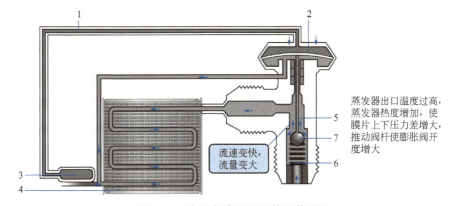

图2-17 外平衡式膨胀阀的工作原理
1—毛细管；2—膜片；3—感温包；4—蒸发器；5—阀杆；6—压力弹簧；7—球阀

② H型膨胀阀（图2-18、图2-19）。外平衡式H型膨胀阀有4个接口与制冷系统连接，其中2个接口与普通膨胀阀相同，1个连接储液干燥器，1个连接蒸发器进口；另外2个接口，1个连接蒸发器出口，1个连接压缩机进口。感温包直接处在蒸发器出口的制冷剂气流中。该膨胀阀取消了F型膨胀阀中的感温包、毛细管和外平衡接管，提高了调节灵敏度，结构紧凑，抗震可靠（图2-20）。

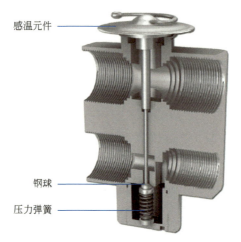

图 2-18 H 型膨胀阀的结构

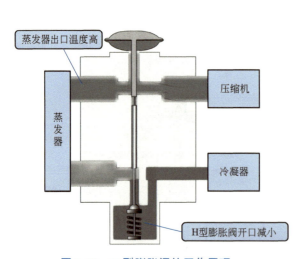

图 2-19 H 型膨胀阀的工作原理

图 2-20 H 型膨胀阀

第三节 汽车空调暖风系统的构造和工作原理

一、暖风系统的构造

水暖式暖风系统的主要组成部件有发动机、回水管、鼓风机、热水阀、加热器芯和出水管（图 2-21）。

视频精讲

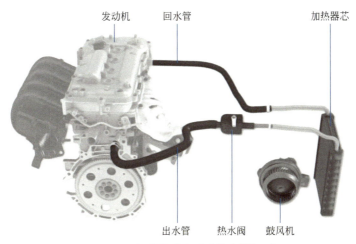

图 2-21 水暖式暖风系统的主要组成

二、暖风系统的作用和工作原理

1. 暖风系统的作用

暖风系统可以将从车外吸入车内的空气加热，提高车内的温度。

2. 工作原理

暖风系统的热源通常采用发动机的冷却水，使冷却水流过加热器芯，再用鼓风机将冷空气吹过加热器芯加热空气，使车内的温度升高。

第四节　汽车空调通风和空气净化系统的组成及工作原理

一、空调通风系统的组成与工作原理

1. 空调通风系统的组成

空调通风系统主要由鼓风机、风门、出风道、进风道等组成（图 2-22）。

视频精讲

视频精讲

视频精讲

2. 空调通风系统的工作原理

将新鲜的空气送入车内，并排出污浊空气的过程称为通风。空调通风系统可以有效地保证车内空气的新鲜，同时通风也可以对风窗玻璃进行除雾（图 2-23）。

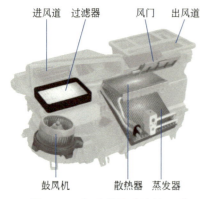

图 2-22 空调通风系统的组成

图 2-23 通风

汽车空调的通风主要有 3 种方式，即自然通风、强制通风与综合通风。

（1）自然通风。汽车空调中的外循环系统指的就是自然通风。自然通风是利用汽车行驶过程中车身内外表面产生的风压差，在适当的地方开设通风口，通常进气口设在副驾驶位置的前方，空气经过空气室盖板后通过车身上的通风口进入室内，排气口也称泄压口，设置在左右侧围钣金上，室内空气从这里流出室外，最终实现在密闭状态下车内空气的通风换气。当然最自然的通风就是开车窗或天窗。

（2）强制通风。当汽车车速低，或停车时，车身内外表面气压差不足，仅仅依靠自然通风不能保证车内空气的新鲜，此时需要强制通风。强制通风的主要部件是鼓风机，鼓风机工作时，将车外新鲜空气强制送入车厢内，最终实现通风换气。

（3）综合通风。综合通风是指汽车上同时采用自然通风和强制通风。目前汽车上基本都是采用综合通风的方式。

二、空调净化系统的组成与工作原理

空调净化系统一般由空气质量传感器、多重滤清器和负离子发生器三部分组成。空调净化系统的作用是对引入的空气进行过滤，不断排除车室内的污浊气体，保持车内空气清洁（图 2-24）。

汽车在公路上行驶时，车外空气中最大的污染是各种悬浮粉尘。悬浮粉尘主要由固体物质破碎形成的固体颗粒，汽车尾气排出的含有 CO、CO_2、SO_2 等有害气体，以及各种烟雾、花粉、细菌等组成。而且车内循环空气受到人的活动过程的污染，如人体呼出的 CO_2、身体散发出的汗味，这些都影响人体的健康，降低了空调的舒适性。因此，汽车空调净化的目的就是除去这些有害气体及粉尘，使车内保持清洁、舒适的空气环境。

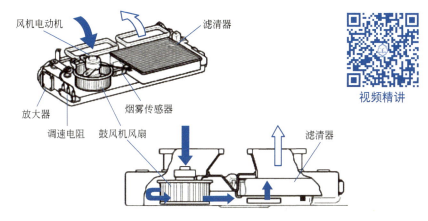

图 2-24　汽车空调净化系统

汽车空调的净化包括两部分，即室外流入室内的空气净化和室内循环空气的净化。

汽车行驶过程中，粉尘是最大的污染物，空调净化系统对室外空气中粉尘的净化，主要采取过滤除尘和静电除尘两种型式。

1. 过滤除尘

过滤除尘是在空调系统的送风和回风口处设置空气滤清装置，主要是对尘埃等颗粒物进行过滤。

2. 静电除尘

静电除尘是在空气进口的过滤器后面再设置一套静电除尘装置。静电除尘是利用高压电极产生高压电场，对空气进行电离，使尘粒带电，然后在电场作用下产生定向运动，沉降在正负电极上而实现对空气的过滤除尘。

第五节　汽车空调系统传感器的作用和工作原理

一、车内温度传感器

1. 作用

车内温度传感器用于检测车厢内部的环境温度，并发送信号至空调放大器，它能决定到混合风门、进气风门、模式风门的位置以及出风口的温度。

2. 工作原理

车内温度传感器采用热敏电阻材料制成,具有负温度系数特性。

3. 检修

使用万用表电阻挡测量车内温度传感器本身阻值,如果电阻不符合规定,则更换车内温度传感器。

二、环境温度传感器

1. 作用

环境温度传感器用于检测车辆外部的环境温度,并发送信号至空调放大器,与车内温度传感器等共同决定混合风门、进气风门、模式风门的位置以及鼓风机的转速。

2. 工作原理

环境温度传感器采用热敏电阻材料制成,具有负温度系数特性。

3. 检修

使用万用表电阻挡测量环境温度传感器本身阻值,如果电阻不符合规定,则更换环境温度传感器。

三、蒸发器温度传感器

1. 作用

蒸发器温度传感器(空调热敏电阻)安装在空调装置的蒸发器上。该传感器检测流过蒸发器的冷却空气的温度,其信号用来控制空调。它向空调放大器发送信号,如果温度低于-1.5℃,则压缩机会停止运行,以防蒸发器表面结冰。

2. 工作原理

蒸发器温度传感器(空调热敏电阻)的阻值随着流过蒸发器的冷却空气温度的变化而变化。当温度下降时,阻值增大;当温度上升时,阻值减小。空调放大器将电压(5V)施加到蒸发器温度传感器(空调热敏电阻)上,并且在蒸发器温度传感器(空调热敏电阻)的阻值改变时读取它的电压变化值。

3. 检修

使用万用表电阻挡测量传感器本身的阻值,如果电阻不符合规定,则更换蒸发器温度传感器。

四、空调压力传感器

1. 作用

空调压力传感器安装在高压侧管上，用于检测制冷剂压力，并将制冷剂压力信号输出至空调放大器。空调放大器根据传感器特性将该信号转换为压力，以控制压缩机的运行。

2. 工作原理

空调放大器将电压（5V）施加到压力传感器上，并且在制冷剂压力改变时读取它的电压变化值。

3. 检修

给传感器接通参考电压使其模拟工作，测量传感器电压，如果结果不符合规定，则更换空调压力传感器。

第三章 汽车空调系统的维护与保养

第一节 汽车空调系统日常维护

(1) 检查压缩机皮带。
① 检查压缩机皮带是否有裂纹、移位(图 3-1)。

图 3-1 检查压缩机皮带是否有裂纹、移位

② 汽车压缩机皮带的张力一般为 392～588N（图 3-2）。皮带张力过大，易造成压缩机皮带轮轴承早期失效，导致压缩机噪声大；如不及时修理，则会造成离合器损坏。皮带张力过小，易造成皮带打滑，导致压缩机转速下降，制冷效果差。

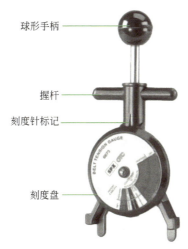

图 3-2　检测压缩机皮带张力使用的皮带张紧表

（2）清洁冷凝器上的泥土及异物（图 3-3）。

图 3-3　清洁冷凝器上的泥土及异物

（3）检查制冷剂液面高度，如不符合要求，再检查是否泄漏。
（4）检查各管路的使用情况和各固定件的固定情况，如有干涉或松动，则需要进行维修（图 3-4）。

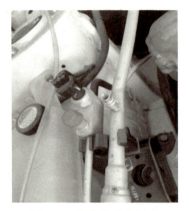

图 3-4　检查管路及线束

（5）保持送风通道空气进气口过滤器的清洁。

（6）保持冷冻机油的循环，每周至少运行 1 次空调系统（图 3-5）。

图 3-5　开启空调

（7）检查空调控制电路是否存在接触不良等问题。

（8）检查压缩机运行时是否有异响（图 3-6）。

图 3-6　检查压缩机运行时是否有异响

第二节　汽车空调系统定期维护

汽车空调系统定期维护见表 3-1。

表 3-1　汽车空调系统定期维护

序号	维修/检查项目	维护内容	维护时间
1	管路接头	检查管路和管路接头是否有松动及损坏；管路接头是否有油污，有油污则表明有微量泄漏，应进行维修	每周1次
2	冷凝器	检查散热片上有无尘土和泥污，必要时可用高压水冲洗	每周1次
3	蒸发器	清洁蒸发器表面灰尘	第3个月1次
4	蒸发器前的空气过滤网	用压缩空气清洁污物	每周1次
5	膨胀阀	观察是否有结霜，用手感觉管路温差是否正常	第3个月1次
6	惰轮	检查轴承是否有松旷	第3个月1次
7	压缩机	检查电磁离合器是否有卡滞，轴承是否有异响，是否泄漏制冷剂	第3个月1次
8	高低压管路压力	检查高低压管路压力值	第3个月1次
9	传动皮带	检查皮带是否有裂纹，是否过松或过紧，是否出现移位现象	第3个月1次
10	鼓风机	检查鼓风机运转情况，是否能调节风量，是否存在异响	第3个月1次

第三节　汽车空调系统保养检查方法

一、汽车空调系统运行及静态检查

（1）检查空调出风口的出风量，如果出风量不足，则检查空气滤清器；如果有杂物，则清除。

（2）听压缩机附近是否有非正常的响声，如果有，则检查压缩机的安装情况。

（3）检查冷凝器散热片上是否有脏物覆盖，如果有，则将脏物清除。

（4）检查制冷循环系统的各连接处是否有油渍，如果有油渍，则说明该处有泄漏，应紧固该连接处或更换该处的零件。

（5）将鼓风机开至低挡、中挡、高挡，听鼓风机处是否有杂音，检查鼓风机是否运转正常，如果有杂音或运转不正常，应更换鼓风机（鼓风机内进入异物或安装有问题也会引起杂音或运转不正常，所以在更换之前要仔细检查）。

二、检查制冷剂是否足够

1. 检查条件

（1）发动机转速为1500r/min。

（2）鼓风机速度控制开关处于"高"位。

（3）空调开关为"开"。

（4）温度选择器为"最凉"（图3-7）。

图3-7　打开空调、风量最大、温度最低

（5）完全打开所有车门。

2. 制冷剂情况（图3-8）

（1）清晰、无气泡。清晰、无气泡，说明制冷剂适量。若开、关空调的瞬间制冷剂起泡沫，随后就变清，也同样说明制冷剂适量。如果开、关空调时从视液窗内看不到动静，而且出风口不冷，压缩机进、出口之间没有温差，则说明制冷剂已漏光。若出风口不冷，而且关闭压缩机后无气泡，无流动，则说明制冷剂过多。

（2）偶尔出现气泡。若偶尔出现气泡，并且伴有膨胀阀结霜，则说明系统中有水分。若膨胀阀无结霜现象,则可能是制冷剂少量缺少或有空气进入。

(3)有泡沫出现。若有泡沫不断出现,则说明制冷剂不足。如果泡沫很多,也可能是因为有空气存在。

(4)出现机油条纹。若视液窗的玻璃上有条纹状的油渍,则说明冷冻机油量过多。

(5)出现污浊。若视液窗上留下的油渍是黑色的或有其他杂物,则说明系统内的冷冻机油已变质。

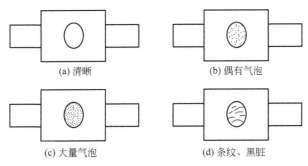

图 3-8　视液窗中看到的制冷剂

三、通过检查系统的压力检查制冷剂量

1. 连接空调压力表

① 连接时,用手而不要用任何工具紧固加注软管(图 3-9)。

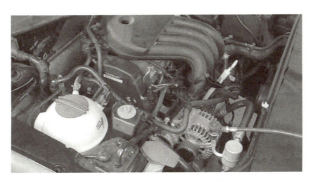

图 3-9　连接空调加注软管

② 如果加注软管的连接密封件损坏,则更换。
③ 由于低压侧和高压侧的连接尺寸不同,所以连接加注软管时不要装反。
④ 加注软管和维修阀门连接时,把快速接头接到维修阀门上并滑动,直

到听到"卡嗒"声。

⑤ 连接压力表时,不要弄弯管道。

2. 检查制冷系统的压力

技术标准: R134a 空调系统压力正常范围的表读数:低压侧为 0.15~0.25MPa(1.5~2.5kgf/cm^2),高压侧为 1.37~1.57MPa(14~16kgf/cm^2)(图 3-10)。

图 3-10　空调系统压力

第四节　制冷剂检查

使用荧光泄漏检测仪检测系统是否泄漏。

佩戴黄色护目镜,在空调运转时,使用染料注射器,从空调低压检测口向空调管路内加入正确量的荧光染料(图 3-11)。

图 3-11　加入荧光染料

视频精讲

注意事项：若管路中已加注荧光染料，则该步骤不用重复进行。

清洁加注口的荧光染料（图 3-12）。

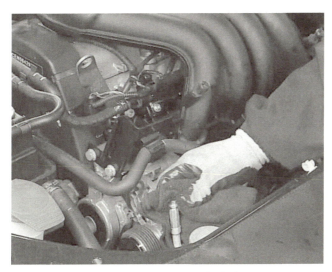

图 3-12　清洁加注口的荧光染料

启动发动机，让空调系统运行 5min，使荧光染料充分循环，然后关闭空调和发动机。

用高强度的紫外线沿着系统管路寻找可能的泄漏部位（图 3-13）。

图 3-13　用紫外线检查泄漏部位

注意事项：紫外线对人眼有害，平时不要直视紫外线灯光，采用特殊的黄色护目镜可保护眼睛免受紫外线的伤害。

在需要检查接头、管路的后面或压缩机下面等较近的位置时，可使用镜子以便反射紫外线，并检查这些隐藏的区域。

第五节　空气滤清器的清洁或更换

视频精讲

一、拆卸空气滤清器

（1）拆卸杂物箱盖（图 3-14）。

图 3-14　拆卸杂物箱盖

（2）拆卸空气滤清器盖（图 3-15）。

图 3-15　拆卸空气滤清器盖

（3）取出空气滤清器（图 3-16）。

图 3-16　取出空气滤清器

注意事项：安装方向应正确（图 3-17、图 3-18 中箭头）。

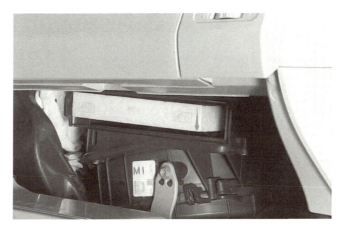

图 3-17　箭头向下

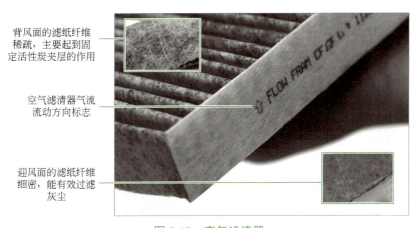

图 3-18　空气滤清器

如果车辆里程数不足 30000km 并且空气滤清器表面有少量灰尘覆盖，可以考虑清洁空气滤清器。使气枪与空气滤清器保持 5cm 的距离，用 500kPa 的压缩空气吹 2min。

二、清洁空气滤清器

使用压缩空气从底侧向空气滤清器方向吹气（图 3-19）。

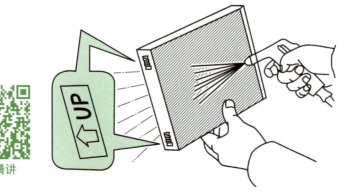

图 3-19　清洁空气滤清器

三、安装空气滤清器

（1）安装空气滤清器到车上（图 3-20）。

图 3-20　安装空气滤清器到车上

（2）安装空气滤清器盖（图 3-21）。

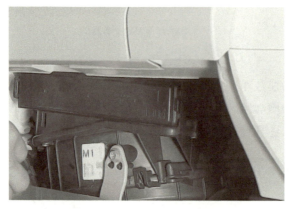

图 3-21　安装空气滤清器盖

（3）安装杂物盒盖（图 3-22）。

图 3-22　安装杂物盒盖

第四章 汽车空调控制系统的电路及控制原理

第一节 汽车空调控制系统的组成

汽车空调控制系统包括传感器及开关信号、空调放大器和执行元件三部分。主要控制内容包括压缩机电磁离合器控制、蒸发器温度控制、压力控制、冷却风扇控制、鼓风机控制、其他保护控制等（图4-1）。

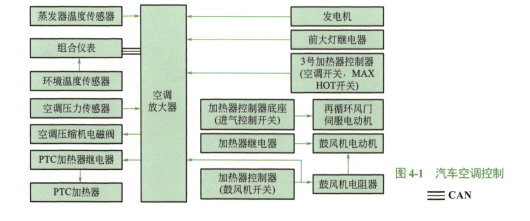

图4-1 汽车空调控制

第二节 汽车空调控制系统电路图

以卡罗拉 1.6L/AT 手动空调轿车为例,其电路图如图 4-2 所示。

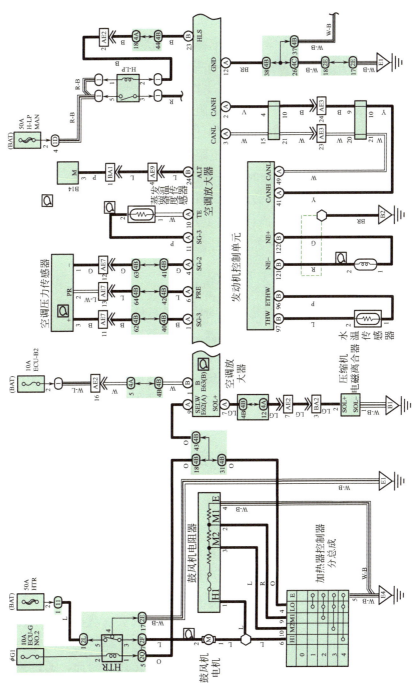

图 4-2 汽车手动空调电路图

一、鼓风机工作电路分析

如图 4-2 所示，鼓风机电动机由蓄电池电压经 HTR 继电器供电，电流经过鼓风机电阻器后改变大小，电动机可以形成四种不同的转速。

① 鼓风机处于 0 挡时，没有电流流经鼓风机电动机，电动机不转。

② 鼓风机处于 1 挡时，其工作电路为蓄电池正极→HTR 熔丝→HTR 继电器→鼓风机电动机→鼓风机电阻器（流经三段电阻）→搭铁。

③ 鼓风机处于 2 挡时，其工作电路为蓄电池正极→HTR 熔丝→HTR 继电器→鼓风机电动机→鼓风机电阻器（流经两段电阻）→加热器控制器→搭铁。

④ 鼓风机处于 3 挡时，其工作电路为蓄电池正极→HTR 熔丝→HTR 继电器→鼓风机电动机→鼓风机电阻器（流经一段电阻）→加热器控制器→搭铁。

⑤ 鼓风机处于 4 挡时，其工作电路为蓄电池正极→HTR 熔丝→HTR 继电器→鼓风机电动机→加热器控制器→搭铁。

二、压缩机电磁离合器电路分析

压缩机电磁离合器是由空调放大器直接供电工作的。当空调系统运行时，空调放大器接收来自压力传感器、蒸发器温度传感器、环境温度传感器及水温传感器等信号，综合判定是否符合压缩机运行的条件，如果判定结果为是，则空调放大器通过端子 SQL+ 输出蓄电池电压使电磁离合器工作。其工作电路为蓄电池正极→ECU-B2 熔丝→空调放大器→压缩机电磁离合器→搭铁。

第三节　汽车空调控制系统的控制原理

一、压缩机电磁离合器控制

在非独立式汽车空调制冷系统中，压缩机是由汽车发动机驱动的。为了使空调系统的开、停不影响发动机的工作，压缩机的主轴不与发动机曲轴直接相连，而是通过电磁离合器把动力传递给压缩机。电磁离合器是发动机和压缩机之间的一个动力传递机构，受空调开关、温控器、空调放大器、压力开关等控制，在需要时接通或切断发动机与压缩机之间的动力传递。另外，当压缩机过载时，它还能起到一定的保护作用。因此，通过控制电磁离合器的结合与分离，就可接通与断开压缩机。

汽车空调电磁离合器一般都由皮带轮总成、线圈总成和驱动盘总成这三个部分组成。皮带轮装在轴承上（图 4-3），驱动盘与压缩机主轴花键连接，电磁线圈装在压缩机壳体上。

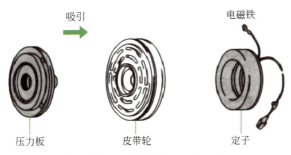

图 4-3　汽车空调电磁离合器

当接通空调开关使空调制冷系统进入工作状态时，电磁离合器的电磁线圈通电产生电磁吸力，将驱动盘吸向皮带轮，使两者结合在一起，发动机的动力便通过皮带轮传递到压力板，带动压缩机运转（图 4-4）。

当空调制冷系统停止工作时，电磁离合器断电，电磁吸力消失，皮带轮空转，压缩机停止转动（图 4-5）。

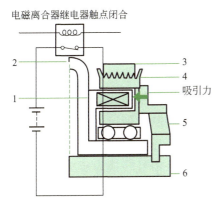

图 4-4　电磁离合器的结合状态
1—前端壳体；2—定子；3—传动皮带；
4—皮带轮；5—驱动盘；6—压缩机轴

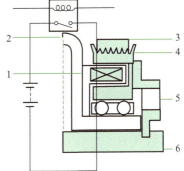

图 4-5　电磁离合器的分离状态
1—前端壳体；2—定子；3—传动皮带；
4—皮带轮；5—驱动盘；6—压缩机轴

二、蒸发器温度控制

蒸发器温度控制是空调电气控制系统的基本任务。当汽车空调系统工作时，蒸发器表面温度逐渐降低，空气中的水分被析出，直至结冰，若蒸发器中的制冷不加控制，则蒸发器表面会逐渐全部结成冰块，以致蒸发器无法工作（风不能通过，无法进行热交换）。为控制蒸发器表面不结冰，系统的制冷效率又要达到最高水平，卡罗拉轿车采用变排量压缩机，即当蒸发器温度降低时压缩机排量随之降低，此时蒸发器内的温度就会升高而避免蒸发器表面结冰（图4-6）。

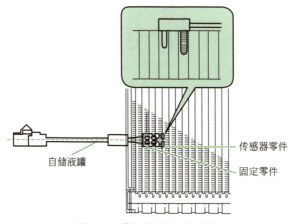

图4-6　蒸发器温度传感器

三、制冷管路压力控制

在一些老款车型上通常装有各种型式的压力开关，用来感测空调制冷管路的工作压力，一旦压力异常的高或低，压力开关就会打开或闭合，这时空调系统会自动切断压缩机电路或控制冷却风扇以加强散热效果。卡罗拉轿车采用压力传感器来实时检测系统压力，当高压侧制冷剂压力过低（0.19MPa或更低）或过高（3.14MPa或更高）时，压力传感器将制冷剂压力信号输出至空调放大器。空调放大器根据传感器特性将该信号转换为压力，以控制压缩机。

四、环境温度控制

环境温度传感器安装在冷凝器前部，该传感器检测车外环境空气温度并将信号传至仪表系统，仪表系统通过CAN通信系统将相应的信号发送至空调放大器。在环境温度低于某一规定值时，空调放大器切断压缩机电磁离合器电路，使空调制冷系统不能工作。当环境温度高于此值时，制冷系统才能进入工作状态。

五、冷却风扇控制

空调制冷系统的冷凝器与发动机散热器共用风扇，冷却风扇根据冷却液温度信号和空调压力开关组合进行控制。不开空调时，根据冷却液控制风扇的转速：当冷却液温度较低时，风扇不转；当冷却液温度升高到一定数值时，风扇以低速运转；当温度进一步升高到一定数值时，风扇高速运转。开启空调时，不管冷却液温度高低，风扇都运转，当系统压力正常时，风扇低速运转；当系统压力高于一定数值时，风扇高速运转。

六、鼓风机转速控制

鼓风机转速的调节主要是通过改变串联在鼓风机电路中的外电阻来实现的。操作加热器控制器（鼓风机开关）时，HTR 继电器将启动以允许电流流向鼓风机电动机，然后电动机开始转动。操作加热器控制器（鼓风机开关）切换鼓风机电阻器和车身搭铁之间的电流，以此来改变鼓风机电动机的转速。

第五章 汽车空调性能检查

第一节 安全操作注意事项

一、维修汽车空调的安全操作规程

① 如果检修汽车时必须打开制冷回路，则首先应将制冷回路排空，而且避免与液态制冷剂或制冷剂蒸气接触。如果遵守了安全措施但还是有制冷剂逸出，则切勿将产生的制冷剂/空气混合物吸进体内。

② 打开现场的抽气装置时，务必戴上橡胶手套及护目镜，做好防护。其原因是制冷剂接触身体裸露部位会产生强烈的冷冻效应。制冷剂是无色无臭的，其密度大于空气，所以能将氧气排开，而人则毫无感觉。

③ 建议准备好一个眼睛冲洗瓶，如果液态制冷剂溅到眼睛内，必须彻底清洗眼睛大约15min，然后滴上眼药水，即便眼睛不疼痛，也要立刻找医生治疗，必须告诉医生，冻伤是由何种制冷剂造成的。

④ 如果遵守了安全操作规程，制冷剂还是接触到身体其他部位，则同样

要用冷水立刻进行彻底冲洗，至少 15min。

⑤ 尽管制冷剂不可燃，也不得在有制冷剂的场所进行焊接或者软、硬钎焊。其原因是火焰或灼热物体的高温会使制冷剂气体发生化学分解。产生的毒性分解物会刺激呼吸系统，出现咳嗽和恶心。

⑥ 制冷剂不得排放到周围环境中，应用吸液泵或制冷剂填充机从制冷剂回路中抽出。抽出的制冷剂可在当地重新处理，其原因是制冷剂 R134a 如果进入地球大气层，会强化温室效应。

二、汽车空调制冷回路操作须知

① 只允许在通风良好的场所对制冷回路进行维修。应注意周围 5m 以内不得有维修地沟、井或地下室走道，同时应打开现场的排气装置。

② 空调系统中损坏或泄漏的部件不得用焊接或钎焊方法修复，应当更换。

③ 对空调系统进行维修操作时，应将空调系统中所有打开的部件和管道接口重新封闭。

④ 维修中进行喷漆操作时，烘箱或者其预热区内工件的最高温度不得超过 80℃。由于加热会在系统内产生很高的正压力，所以会导致系统爆裂。

⑤ 制冷剂容器（例如制冷剂填充机的填充缸）绝不能强烈升温或者直接置于阳光照射下。储存容器内不得充满液态制冷剂。容器如果没有足够的膨胀空间（气体腔），则在温度升高时会产生严重的后果。

⑥ 制冷剂添加装置和容器内不得有空气存在。装置和容器在充入制冷剂前要抽真空。

⑦ 在充有制冷剂 R134a 的空调系统内绝不能加入制冷剂 R12，同样也不得将制冷剂 R134a 加到采用制冷剂 R12 的空调系统内。因为在制冷回路中的零件材料均是按照所采用的制冷剂选择的。制冷剂 R12 的空调系统在更换特定的零件后，也可以采用制冷剂 R134a。

⑧ 为各种制冷回路专门开发的制冷润滑油也不得相互混合。

⑨ 采用制冷剂 R134a 的空调系统的零件上均标有符号和绿色贴签，或者其结构（例如采用不同的螺纹）设计成无法与采用制冷剂 R12 的零件相混淆。

⑩ 在发动机舱、锁梁或者水箱上有一个标示牌注明所使用的是何种制冷剂。不同的制冷剂不允许相互混合在一起。

第二节　空调系统压力测试

（1）启动车辆，开启空调运行5min，使空调制冷剂充分循环。

视频精讲

（2）使用表式温度计检测并记录仪表台上左侧、中央和右侧出风口的温度（图5-1）。

图5-1　检测并记录出风口温度

（3）关闭空调及发动机。

（4）将压力表的红、蓝歧管连接至车辆空调系统的高低压管路上（图5-2）。

注意事项： 连接时注意用左手托住管路，右手连接阀门，并打开阀门，避免损坏管道和起动机。

图5-2　连接测量管路

（5）设置被测车辆空调系统（图 5-3）。

图 5-3　设置空调系统

视频精讲

注意事项：空调系统接通，温度设置为最低，鼓风机转速设置为最大，循环模式设置为内循环，出风模式设置为吹面，打开所有出风口。

（6）关闭车门和车窗。

注意事项：驾驶员侧车窗开 10～15cm。

（7）读取并记录高低压侧压力。

（8）将所测数据与标准数据进行分析与比较，若数值不在规定范围内，则进行空调系统故障诊断。正常值：低压侧为 0.15～0.25MPa（1.5～2.5kgf/cm^2），高压侧为 1.37～1.57MPa（14～16kgf/cm^2）。

第三节　制冷剂的鉴别

视频精讲

一、制冷剂鉴别仪介绍

（1）由于汽车空调系统中所使用的制冷剂有 R12、R134a、R22 等，各种替代制冷剂的开发进一步使得技术人员依据温度 - 压力关系判定制冷剂纯度的能力复杂化，所以维修人员需要借助仪器来辨别制冷剂的种类以及纯度。制冷剂鉴别仪的作用就是测定制冷剂储瓶内制冷剂的种类及纯度或直接测定车辆空调系统内制冷剂的种类及纯度。

（2）制冷剂鉴别仪（图 5-4）通常采用非分光红外（NDIR）技术来测定制冷剂 R12、R134a、R22、碳氢化合物和空气的质量浓度。对于制冷剂

R12 和 R134a，制冷剂鉴别仪可以自动测定其纯度，从而杜绝人为错误。纯制冷剂被定义为按质量计算含有98%或以上的R12或R134a的制冷剂混合物。

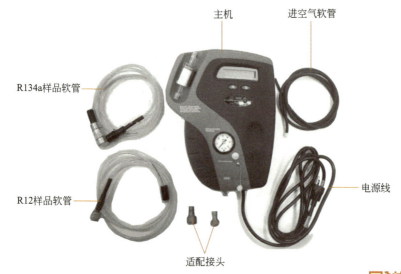

图 5-4　制冷剂鉴别仪

二、鉴别制冷剂纯度

1. 检查制冷剂鉴别仪

图 5-5　制冷剂鉴别仪采样过滤器

（1）检查采样过滤器滤芯白色外径上任何地方是否有红斑或变色的迹象，如果发现红斑或变色，使用仪器前应更换过滤器（图5-5）。

当红斑或变色迹象开始出现在滤芯白色外径上时，应更换过滤器。采样过滤器维护不当可能会导致仪器出现严重损坏。

（2）根据应用状况，选择使用R12或R134a采样软管。检查软管是否有磨损痕迹，如开裂、磨断或纠结在一起。确认软管未堵塞，软管内无油液。如果软管出现磨损、堵塞或管内有油的迹象，在使用仪器前必须更换(或清洁干净)。

（3）把采样软管安装到仪器的入口上。只需用手拧紧软管接头即可实现气密。

（4）检查仪器的进气口、采样排放口和箱子排放口，确保通畅，未阻塞。

（5）确认净化排放口上的防护帽牢固安装在净化排放口上。

注意事项： 净化排放口上的防护帽安装不当将导致制冷剂鉴定过程中制冷剂过度流失，有害于健康。在允许进行空气净化程序前，仪器会始终执行制冷剂鉴定。

（6）检查待测制冷剂储瓶或车辆空调系统的采样口。确认采样口处于LOW SIDE（低压侧）或 VAPOR（蒸气）口。

2. 制冷剂鉴别仪的使用

（1）将仪器的电源线插入合适的电源插座，仪器的各项参数出现在显示屏上，并开始预热（图 5-6）。

图 5-6　开始预热

（2）预热过程持续 90s，显示屏显示 "SYSTEM WARMING-CHECK FILTER"（系统预热 - 检查过滤器），提醒用户检查仪器的采样过滤器。

（3）在预热期间，将当地的海拔信息输入仪器内存中。仪器对 500ft（152m）的海拔变化较敏感，首次使用时，必须将当地海拔输入仪器内存。将当地海拔输入仪器内存后，如果仪器移动到一个新的海拔，需要再次输入。将海拔输入仪器内存时，根据仪器显示屏提示的步骤进行操作。

① 在预热期间，同时按住 "A" 和 "B" 按钮（图 5-7），直到显示屏显示 "USAGEELEVATION, 400 FEET"（使用海拔，400ft）的信息。这是出厂设置值海拔 400ft（122m）。

② 使用 "A" 和 "B" 按钮按以 100ft（30m）为单位增量调整海拔（图 5-8）。按 "A" 按钮将以 100ft 为单位增加海拔设定值。按 "B" 按钮将以 100ft 为单位减少海拔设定值。设定值在 0～9000ft（0～2743m）范围内可调，并且边调整边显示。

图 5-7 同时按住"A"和"B"按钮

图 5-8 设置海拔

③ 正确完成海拔的设定后,静置仪器 20s 不要按任何按钮。仪器自动回到预热阶段,海拔的设定保存在内存中。

(4)预热过程完成后,仪器进行自校准。环境空气通过进气口被吸入,然后被送到检测装置进行校准。校准时间大约为 20s。

(5)校准完成后,仪器显示"READY: CON.HOSE, PRESS A TO START"(准备就绪:连接软管,按"A"按钮开始)的信息,绿色 LED 指示灯闪烁(图 5-9)。将采样软管的使用端连接到待测制冷剂储存容器或车辆空调系统的低压侧或蒸气口(图 5-10)。软管固定到位后,按仪器上的"A"按钮开始进行处理(图 5-11)。

(6)分析制冷剂小样以测定 R12、R134a、R22、碳氢化合物和空气的浓度时,仪器显示"SAMPLING IN PROGRESS"(正在取样)信息(图 5-12)。分析完成后,将显示 R12、R134a、R22、碳氢化合物和空气的浓度(图 5-13、图 5-14)。可以按"A"按钮打印结果,按"B"按钮退出(没有空气)(图 5-15),或按"B"按钮继续进行净化功能(有空气)。

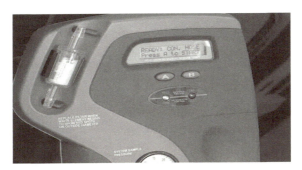

图 5-9　绿色 LED 指示灯闪烁

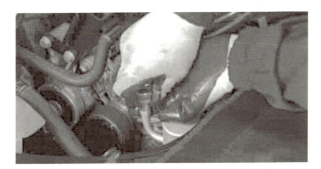

图 5-10　连接测量管

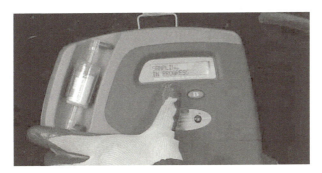

图 5-11　按"A"按钮开始检测

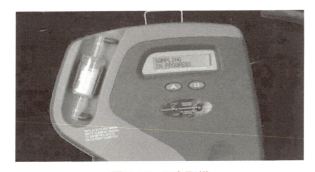

图 5-12　正在取样

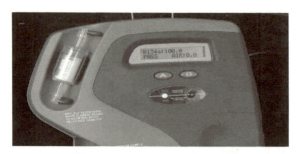

图 5-13　R134a 纯度为 100%

图 5-14　R12 含量为 0、R22 含量为 0、碳氢化合物含量为 0

图 5-15　按"A"按钮打印结果，按"B"按钮退出（没有空气）

（7）取下采样接头并清洁（图 5-16）。

图 5-16　清洁

(8)清洁管路接头。

注意事项：制冷剂鉴别完成，将采样管从低压加注阀芯处取下后，需要使用检漏仪对阀芯进行检漏。

(9)收起制冷剂鉴别仪。

第四节　制冷剂回收与加注

一、制冷剂回收加注机介绍

制冷剂回收加注机（图 5-17）是歧管压力表、真空泵、制冷剂储液罐等设备的替代产品，能够集制冷剂回收、再生、抽真空、加注、检漏等多功能于一体，近年来得到广泛应用。其主要功能如下。

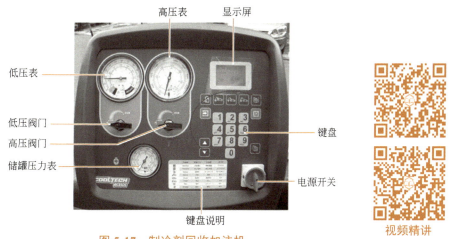

图 5-17　制冷剂回收加注机

制冷剂回收：依靠本机系统内部的压缩过滤装置把空调管路内的制冷剂回收到工作罐内。

制冷剂再生：可分离空调系统内的冷冻机油和水分，达到再利用的标准，保证制冷剂的纯净，从而使制冷剂可循环使用。

制冷剂加注：设定加注制冷剂量，向车辆加入相应量的同类型制冷剂。

空调检漏：检测空调制冷剂管路是否存在泄漏，确保制冷剂管路密封良好。

抽真空：给空调管路及设备管路抽真空。

加注冷冻油：设定冷冻油量，向空调系统加入冷冻油。

二、制冷剂回收

(1) 记录回收加注机内新、废冷冻油的量和制冷剂量(图 5-18、图 5-19)。

视频精讲

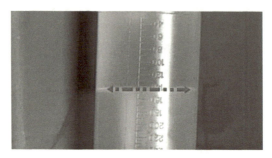

图 5-18　回收加注机新冷冻油量

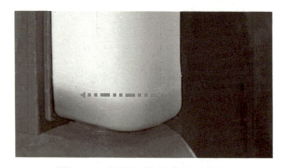

图 5-19　回收加注机废冷冻油量

(2) 将电源插入合适的有地线的电源插座上，并开启设备(图 5-20)。

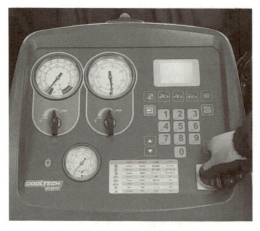

图 5-20　开启设备

(3）检查剩余容量和制冷剂净重（图 5-21）。

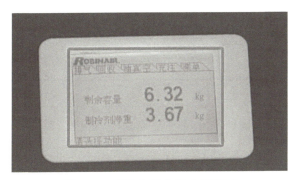

图 5-21　剩余容量和制冷剂净重

（4）按下"排气"键，即开始排气 2s（图 5-22）。显示屏显示如图 5-23 所示。

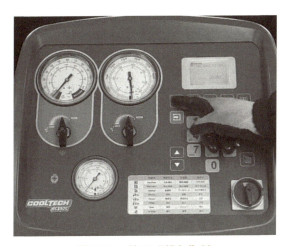

图 5-22　按下"排气"键

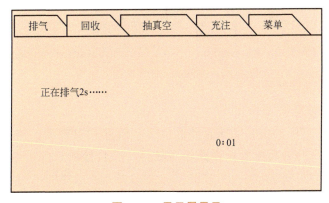

图 5-23　显示屏显示

注意事项：排出制冷剂罐内的气体，此时应记录制冷剂回收加注机内制冷剂的量。按规定，制冷剂的量应为需加注制冷剂量的 3 倍以上，同时多于 3kg，小于 8kg，以保证能正常地加注制冷剂。

2s 完成后显示屏显示如图 5-24 所示。

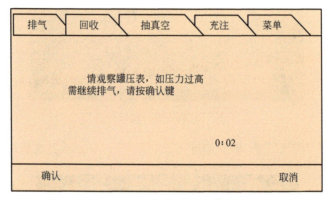

图 5-24　2s 完成后显示屏显示

（5）按"确认"键继续排气，按"取消"键退出排气。

（6）连接制冷剂回收加注机的红、蓝歧管至车辆空调高、低压管路检测口，并打开维修阀（图 5-25）。

图 5-25　连接高、低压管路检测口

连接时注意事项如下。

① 车辆上空调的高、低压管路的区分：管路相对较细，并且检测口保护盖上标有"H"的为高压管；管路相对较粗，并且检测口保护盖上标有"L"的为低压管。

② 连接至汽车空调管路检测口上的维修阀安装时需要注意方法，连接好

后要顺时针拧开维修阀门。

③ 连接检测口的阀门时应注意用双手操作，一只手从下方托住管道，以保护管道。

④ 可记录车辆空调高、低压管路的静态压力，以作为后续工作的参考。

（7）打开控制面板上红、蓝色高、低压阀门（手柄箭头指向左边为开）（图 5-26）。

图 5-26　打开高、低压阀门

（8）按"❄🚗"键直到显示屏上显示如图 5-27 所示。

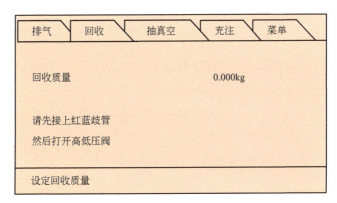

图 5-27　回收质量

（9）可以通过数字键盘设定所需的回收质量。

（10）按"➡"键，压缩机启动，系统将进行清理管路，时间为 1min。清理管路完成后，开始回收，显示如图 5-28 所示。

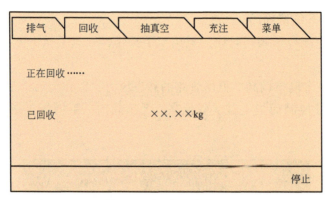

图 5-28　正在回收显示

（11）回收完成后，屏幕显示如图 5-29 所示。

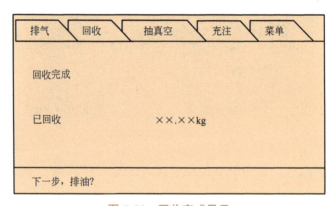

图 5-29　回收完成显示

（12）按"➡"键，进行排油程序，显示如图 5-30 所示。

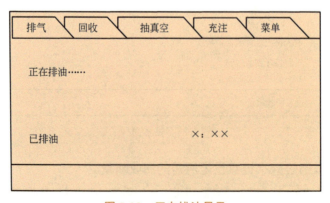

图 5-30　正在排油显示

（13）排油完成后，屏幕显示如图 5-31 所示。

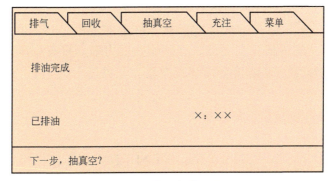

图 5-31　排油完成后显示

（14）回收所有制冷剂并排油之后，空调系统抽真空。

三、空调系统抽真空

（1）在控制面板上，打开红、蓝两个阀门（图 5-32）。

图 5-32　打开手动阀

视频精讲

（2）按"🚗"键，直到屏幕上出现抽真空时间（图 5-33）。

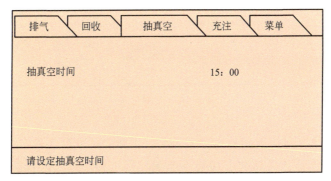

图 5-33　抽真空时间

可以通过数字键盘设定所需的抽真空时间：当光标在"15：00"字符处闪动时，选择数字键，程序将切换到抽真空时间设置界面。

（3）按"➡"键开始抽真空操作。显示屏上原显示的数值开始计时。

注意事项：进行抽真空之前，必须检查压力表。只有在压力小于0时才可进行抽真空操作，否则将会损坏真空泵。如果压力大于0，请先运行回收功能。

（4）抽真空完成后，屏幕显示如图 5-34 所示。

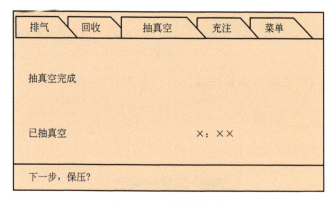

图 5-34　抽真空完成

（5）按"➡"键，保压显示如图 5-35 所示。

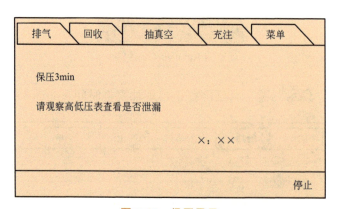

图 5-35　保压显示

（6）保压 3min 后（图 5-36），观察压力表的变化（图 5-37）。如果泄漏，请查明泄漏原因并解决；如果不泄漏，则选择下一步操作。

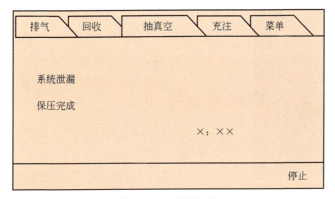

图 5-36 保压完成

图 5-37 观察压力表的变化

（7）保压完成后，若不泄漏，则按"➡"键，显示如图 5-38 所示，新冷冻油液面如图 5-39 所示。

需手动键入加注量，加注从高压侧进行。

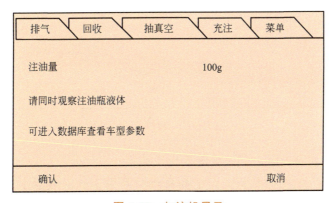

图 5-38 加注机显示

图 5-39　新冷冻油液面

注意事项：具体根据当时的情况来定，或者进入数据库进行查询，或者向零部件生产商咨询。进入数据库的具体操作参考操作中的数据库项。空调零部件更改后需多加注一定量的冷冻油。

（8）按"→"键显示屏显示如图 5-40 所示。

（9）继续按"→"键显示屏显示如图 5-41 所示。

图 5-40　正在注油

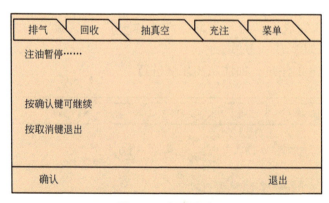

图 5-41　暂停注油

（10）注油完成后，下一步进入充注流程。

（11）进行二次抽真空，设定抽真空时间为 30min 或以上，结束后进行保压 1min。

四、加注制冷剂

(1) 将低压手动阀关闭,高压手动阀打开,进行单管充注(图 5-42)。

视频精讲

图 5-42 低压手动阀关闭,高压手动阀打开

(2) 按控制面板上的"🚗"键,直到显示屏上显示如图 5-43 所示。

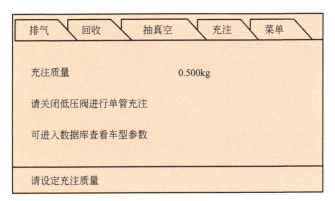

图 5-43 输入充注质量

在默认情况下,充注程序可以自动判断工作状态,也可以通过数字键盘设定所需的充注质量。

注意事项:为避免空气进入空调系统,不要去除注油瓶中所有的油液。设置新充注质量时请参考车辆制造商的详细说明或设备的数据库。

(3) 打开控制面板高压阀门,关闭低压阀门。

(4) 按"➡"键充注开始。屏幕上显示已充注制冷剂的质量(图 5-44)。

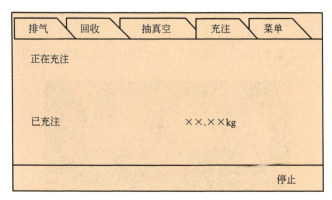

图 5-44　已充注质量

（5）充注完成后，屏幕显示如图 5-45 所示。

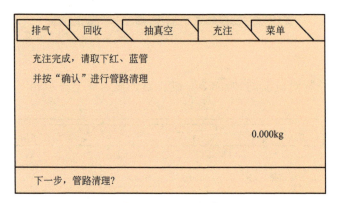

图 5-45　充注完成

（6）按"➡"键系统进行自动管路清理，主要清理两个歧管内残留的制冷剂。

第五节　电子式卤素检漏仪的使用

一、电子式卤素检漏仪介绍

电子式卤素检漏仪（图 5-46）与其他检漏设备相比，其优点是使用方便、不需点火、不产生有毒物质、预热时间短、灵敏度高、质量轻、体积小、检测范围广等，可以探测到微量泄漏。

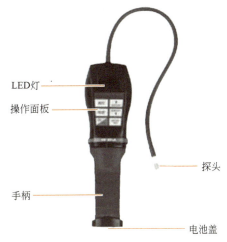

图 5-46　电子式卤素检漏仪

二、电子式卤素检漏仪检漏

（1）检查空调系统压力。确保系统内有足够的制冷剂来产生正常的压力（至少 345kPa）。对于空的系统，补充加注，制冷剂为总加注量的 7%～10%。

（2）启动发动机，让空调系统运行 5min，关闭空调系统，关闭发动机。

（3）清洁空调管路。

注意事项：残余的溶剂可能会干扰测试结果。

（4）检查探测器。

① TIFXP-1A 气体检漏仪的探头和过滤器是干净的。

② 打开 TIFXP-1A 气体检漏仪，使用前进行调整和校准。

（5）将气体检漏仪的探头放在被检查部位的下面，沿管路移动探头，每隔 6mm 左右做一个停顿，进行空调管路泄漏检查（图 5-47）。

图 5-47　检漏

注意事项：在检查特殊位置时，用手将探头静止 5s，气体检漏仪对前风窗清洗剂、很多溶剂和清洁剂及车辆上使用的某些黏合剂非常敏感，为防止虚假警报，应清洗并干燥所有表面。液体会损坏检漏仪。

第六节 空调诊断仪的使用

一、空调诊断仪的主要检测项目（表 5-1）

（1）空调运行时管路的高压和低压值。
（2）车辆外部环境温度和相对湿度。
（3）车厢空调出风口温度和相对湿度。
（4）冷凝器入口和出口温度。
（5）蒸发器入口和出口温度。

表 5-1 空调诊断仪的主要检测项目

项目	测量部位	测量元件	无线/有线
低压侧制冷剂压力	低压维修接口	低压快速连接器（蓝色）	有线
高压侧制冷剂压力	高压维修接口	高压快速连接器（红色）	有线
冷凝器入口温度	冷凝器入口金属管路	TK_1 探针（红色）	有线
冷凝器出口温度	冷凝器出口金属管路	TK_2 探针（黄色）	有线
蒸发器入口温度	蒸发器入口金属管路	TK_3 探针（黑色）	有线
蒸发器出口温度	蒸发器出口金属管路	TK_4 探针（蓝色）	有线
环境温度和相对湿度	距车辆 2m 部位	THR 传感器	无线
出风温度和相对湿度	中央出风口部位	THR 传感器	无线
制冷剂压力信号	制冷剂压力传感器的信号线	HP1000 电缆（选装）	有线
车辆电源	车辆供电电压	CRCO PSA 电缆（选装）	有线

二、空调诊断仪介绍

（1）空调诊断仪前面板如图 5-48 所示。

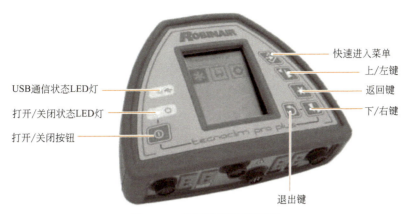

图 5-48　空调诊断仪前面板

（2）空调诊断仪管路连接示意图如图 5-49 所示。

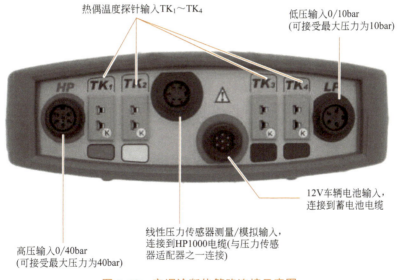

图 5-49　空调诊断仪管路连接示意图

$1bar=10^5Pa$

三、空调诊断仪的操作步骤

（1）连接压力表，将压力表的红、蓝两根歧管上的阀门分别连接至汽车空调高、低压管路上的检测口。

（2）记录高压和低压侧的静态压力读数。

（3）高压和低压侧如果都在规定范围内，则可进行下一步性能测试，否则要进行泄漏测试。

（4）将空调性能检测仪固定于发动机舱盖上（图 5-50）。

（5）连接外接电源线至空调性能检测仪，将红色线束连接至蓄电池正极极柱，黑色线束连接至负极极柱（图 5-51）。

图 5-50　固定空调性能检测仪

图 5-51　连接电源线

（6）将红色高压压力传感器和蓝色低压压力传感器连接至空调性能检测仪。

将低压快速接头锁止机构提起，套上空调系统低压接头，松开锁止机构，顺时针旋紧旋钮，以同样方法连接高压快速接头（图 5-52）。

图 5-52　连接红色、蓝色压力传感器

注意事项：

① 连接快速接头与空调系统的低压接头时，必须佩戴护目镜、橡胶手套。

② 连接时注意用一只手托住管路，另一只手连接阀门，并打开阀门，避免损坏管道。

③按照相对应的颜色正确连接空调性能检测仪上的四条传感器线。

（7）将 $TK_1 \sim TK_4$ 四根传感器线插口的一端都连接至仪器上所对应的插口中，另一端夹子则按照颜色分别连接至车辆空调系统的不同位置。黑色夹子夹在膨胀阀的出口处，蓝色夹子夹在膨胀阀的入口处，黑色夹子和蓝色夹子应错开，红色夹子夹在冷凝器入口处，黄色夹子夹在冷凝器出口处（图5-53）。

图 5-53　连接四根传感器线

（8）整理传感器线（图5-54）。

注意事项：不要将线束与车辆的任何部位接触，以免在后续测试过程中因车辆过热而损坏线束。

（9）按打开/关闭按钮"▢"打开设备，主菜单显示如图5-55所示。

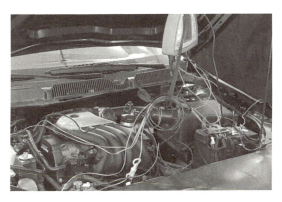

图 5-54　整理传感器线

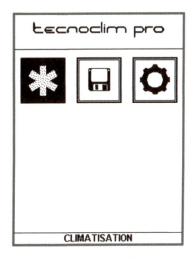

图 5-55　主菜单界面

（10）使用定位键从主菜单上的图标中选择空气调节图标。选择图标后，按验证键打开工具推荐的"空调"功能（图 5-56）。

图 5-56　选择"空调"功能

（11）选择和确认工具菜单的"空调"功能之后，显示的菜单如图 5-57 所示。

提示使用的 3 种操作模式如下。

测量：这种模式使用户能够以图形或数字型式读取测量值。

控制：这种模式使用户能够监测空调电路的某个组件或某种功能。

自动诊断：这种模式使用户能够对整个空调电路进行完整诊断并得到对诊断结果的最终解释。

（12）车辆配置（图 5-58）。无论选择的是何种模式（测量、控制或是自动诊断模式），工具的"车辆配置"页面都会说明该工具工作的环境是怎么样的。

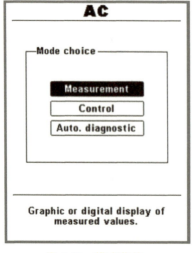

图 5-57　模式菜单

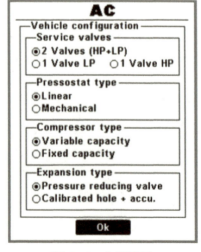

图 5-58　车辆配置

可以对下列项目进行配置：车辆内可用的检修阀的数量，安装在空调电路内的压缩机的类型，以及空调电路内使用的过滤技术的类型。

（13）将环境温度传感器放置车外 2m 处，按下启动键，传感器开始工作，信号灯开始闪烁（图 5-59），按下确认键开始测试，读取环境空气温度和相对湿度数据（图 5-60）。

注意事项：温度低于 15℃ 时不能进行性能测试。

图 5-59　环境温度传感器放置车外 2m 处

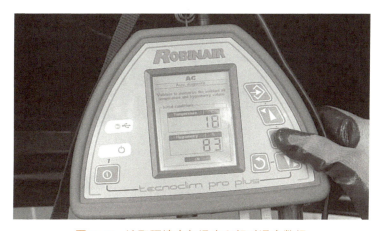

图 5-60　读取环境空气温度和相对湿度数据

（14）打开所有车门，降下车窗，保持气流畅通。

（15）启动车辆，打开空调，设定循环模式，选择正面出风模式，调节温度至最低，调至最大风量，打开所有出风口（图 5-61）。

图 5-61　打开所有出风口

（16）将温度传感器放在中央出风口处（图 5-62），按下确认键，确认连接完成后继续按 NEXT 键，开始性能测试，保持 2000r/min，运转 100s。

图 5-62　将温度传感器放在中央出风口处

（17）测量。选择和确认测量模式之后，"空气调节"功能主菜单从屏幕上隐退，在默认情况下，空调诊断仪自动进入显示器模式。这种显示器模式在大的数字显示框内显示全部可用数据。图 5-63 的数据中依次显示了高压压力、低压压力、冷凝器入口温度、冷凝器出口温度、蒸发器入口温度、蒸发器出口温度、中央出风口温度和中央出风口相对湿度。

（18）检测结果分析。将图 5-63 中检测到的结果与汽车制造商提供的空调性能参数或参照图 5-64 和图 5-65 中的参数进行比较，进而分析空调性能是否合格。

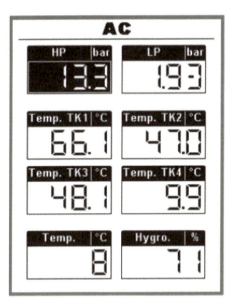

图 5-63　测量数据

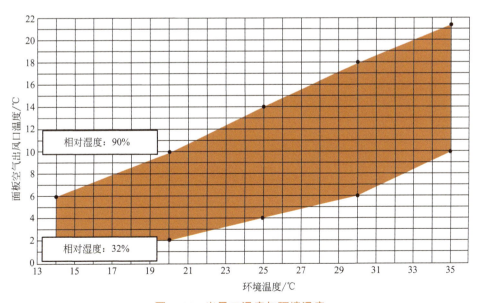

图 5-64　出风口温度与环境温度

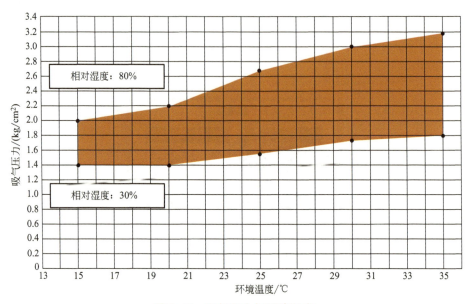

图 5-65　吸气压力与环境温度

1kg/cm² =0.098MPa

（19）诊断模式结束后，退出并返回主菜单，关闭仪器。

第六章 汽车空调系统零部件拆装、检查和更换

第一节 鼓风机的拆卸和安装

一、拆卸鼓风机(以卡罗拉为例)

(1) 定位前轮,使其面向正前位置。
(2) 从蓄电池负极端子断开电缆。

注意事项:
① 断开端子后等待 90s,以防止气囊展开。
② 断开蓄电池电缆后重新连接时,某些系统需要初始化。

(3) 回收制冷系统中的制冷剂。
(4) 拆卸前刮水器臂端盖。

视频精讲

(5)拆卸左前刮水器臂和刮水片总成。
(6)拆卸右前刮水器臂和刮水片总成。
(7)拆卸发动机盖至前围上板密封。
(8)拆卸右前围板上通风栅板。
(9)拆卸左前围板上通风栅板。
(10)拆卸挡风玻璃刮水器电动机及连杆总成。
(11)拆卸前围上外板。
(12)断开吸入管分总成。
(13)断开空调管路和附件总成。
(14)断开加热器出水软管。
(15)断开加热器进水软管。
(16)拆卸仪表板左下装饰板。
(17)拆卸仪表板右下装饰板。
(18)拆卸仪表板左端装饰板。
(19)拆卸仪表板右端装饰板。
(20)拆卸中央仪表板调风器总成。
(21)拆卸仪表组装饰板总成。
(22)拆卸组合仪表总成。
(23)拆卸左侧前柱装饰板(不带窗帘式安全气囊)。
(24)拆卸左侧前柱装饰板(带窗帘式安全气囊)。
(25)拆卸右侧前柱装饰板(不带窗帘式安全气囊)。
(26)拆卸右侧前柱装饰板(带窗帘式安全气囊)。
(27)拆卸仪表板下装饰板总成。
(28)断开左前车门开口装饰密封条。
(29)拆卸手套箱盖总成。
(30)拆卸仪表板1号箱盖分总成。
(31)断开右前车门开口装饰密封条。
(32)断开仪表板线束总成。
(33)拆卸上仪表板分总成。
(34)拆卸动力转向ECU总成。
(35)拆卸仪表板1号底罩分总成。
(36)拆卸仪表板下装饰板分总成。
(37)拆卸方向盘3号下盖。

（38）拆卸方向盘 2 号下盖。

（39）拆卸方向盘装饰盖。

（40）拆卸方向盘总成。

（41）拆卸下转向柱罩。

（42）拆卸上转向柱罩。

（43）拆卸带螺旋电缆分总成的转向信号开关总成。

（44）拆卸转向柱孔盖消音板。

（45）拆卸防护罩（不带智能上车和启动系统）。

（46）分离 2 号转向中间轴总成。

（47）拆卸刹车灯开关总成。

（48）拆卸刹车灯开关座调节器。

（49）拆卸转向柱总成。

（50）拆卸带支架的收音机（不带导航系统）。

（51）拆卸带支架的导航接收器（带导航系统）。

（52）拆卸换挡杆把手分总成（手动传动桥）。

（53）拆卸换挡杆把手分总成（自动传动桥）。

（54）拆卸中央仪表组装饰板总成（手动传动桥）。

（55）拆卸中央仪表组装饰板总成（自动传动桥）。

（56）拆卸仪表盒总成。

（57）拆卸仪表板孔盖。

（58）拆卸空调控制总成（自动空调系统）。

（59）拆卸空调面板总成（手动空调系统）。

（60）拆卸左前车门防磨板。

（61）拆卸左前围侧饰板。

（62）拆卸前 1 号地板控制台嵌入件。

（63）拆卸 1 号开关孔座（不带智能上车和启动系统）。

（64）拆卸 1 号开关孔座（带智能上车和启动系统）。

（65）拆卸右前车门防磨板。

（66）拆卸右前围侧饰板。

（67）拆卸仪表板 2 号底罩分总成。

（68）拆卸前 2 号地板控制台嵌入件。

（69）拆卸地板控制台上面板分总成。

（70）拆卸地板控制台毡垫。

（71）拆卸后地板控制台总成（手动传动桥）。

（72）拆卸后地板控制台总成（自动传动桥）。

（73）拆卸2号天线导线分总成。

（74）拆卸下仪表板分总成。

（75）拆卸3号后风管。

（76）拆卸1号后风管。

（77）拆卸1号风管分总成。

（78）拆卸下除霜器喷嘴总成。

（79）拆卸中央仪表板至前围支架。

（80）拆卸1号仪表板支架分总成（手动空调系统）。

（81）拆卸1号仪表板支架分总成（自动空调系统）。

（82）拆卸2号仪表板支架分总成。

（83）拆卸2号后风管。

（84）拆卸仪表板加强件总成（手动空调系统）。

（85）拆卸仪表板加强件总成（自动空调系统）。

（86）拆卸空调装置。

（87）拆卸2号风管分总成。

（88）拆卸3号风管分总成。

（89）拆卸鼓风机总成。

① 脱开各卡夹（图6-1）。

② 拆下螺钉并脱开快速加热器连接器。

③ 断开连接器。

④ 拆下3个螺钉和鼓风机总成（图6-2）。

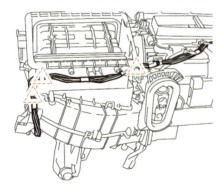

图6-1 脱开各卡夹

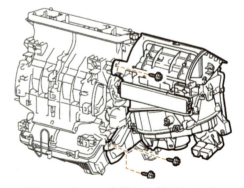

图6-2 拆下3个螺钉和鼓风机总成

二、分解风箱

1. 拆卸进气控制伺服电动机（手动空调系统）

拆下 2 个螺钉和进气控制伺服电动机（图 6-3）。

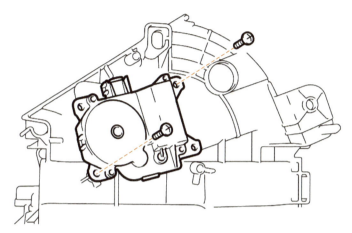

图 6-3　拆下 2 个螺钉和进气控制伺服电动机（手动空调系统）

2. 拆卸进气控制伺服电动机（自动空调系统）

拆下 2 个螺钉和进气控制伺服电动机（图 6-4）。

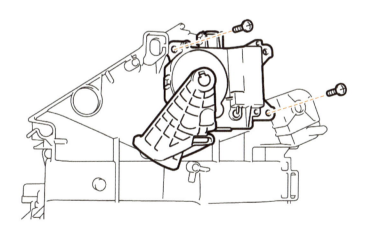

图 6-4　拆下 2 个螺钉和进气控制伺服电动机（自动空调系统）

3. 拆卸空气滤清器壳

如图 6-5 所示，脱开 2 个卡爪，拆卸空气滤清器壳。

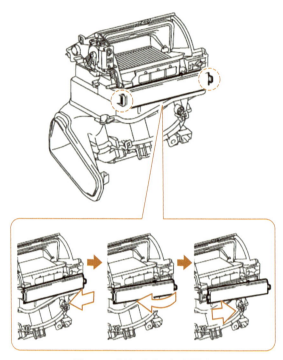

图 6-5 拆卸空气滤清器壳

4. 拆卸清洁空气滤清器

如图 6-6 所示,拆卸清洁空气滤清器。

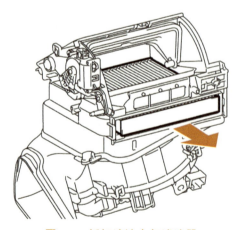

图 6-6 拆卸清洁空气滤清器

5. 拆卸鼓风机电阻器(手动空调系统)

拆下 2 个螺钉和鼓风机电阻器(图 6-7)。

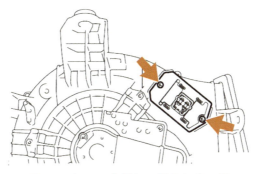

图 6-7　拆下 2 个螺钉和鼓风机电阻器

6. 拆卸鼓风机电动机分总成

拆下 3 个螺钉和鼓风机电动机分总成（图 6-8）。

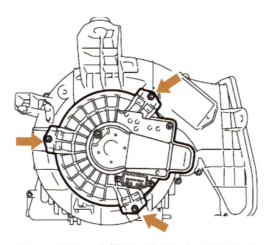

图 6-8　拆下 3 个螺钉和鼓风机电动机分总成

三、重新装配

1. 安装鼓风机电动机分总成

使用 3 个螺钉安装鼓风机电动机分总成。

2. 安装鼓风机电阻器

使用 2 个螺钉安装鼓风机电阻器。

3. 安装清洁空气滤清器

如图 6-9 所示，安装清洁空气滤清器。

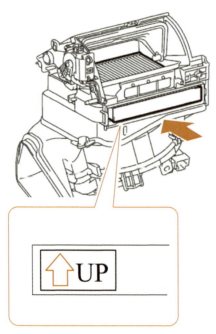

图 6-9 安装清洁空气滤清器

4. 安装空气滤清器壳

接合 2 个卡爪,安装空气滤清器壳。

5. 安装进气控制伺服电动机(手动空调系统)

使用 2 个螺钉安装进气控制伺服电动机。

6. 安装进气控制伺服电动机(自动空调系统)

使用 2 个螺钉安装进气控制伺服电动机。

四、安装

(1)安装鼓风机总成。

① 用 3 个螺钉安装鼓风机总成。

② 连接连接器。

③ 接合快速加热器连接器并安装螺钉。

④ 接合每个卡夹。

(2)安装 3 号风管分总成。

(3)安装 2 号风管分总成。

(4)临时紧固空调装置。

（5）安装仪表板加强件总成（手动空调系统）。
（6）安装仪表板加强件总成（自动空调系统）。
（7）安装空调装置。
（8）安装 2 号后风管。
（9）安装 2 号仪表板支架分总成。
（10）安装 1 号仪表板支架分总成（手动空调系统）。
（11）安装 1 号仪表板支架分总成（自动空调系统）。
（12）将中央仪表板安装至前围支架。
（13）安装下除霜器喷嘴总成。
（14）安装 1 号风管分总成。
（15）安装 1 号后风管。
（16）安装 3 号后风管。
（17）安装下仪表板分总成。
（18）安装 2 号天线导线分总成。
（19）安装后地板控制台总成（自动传动桥）。
（20）安装后地板控制台总成（手动传动桥）。
（21）安装地板控制台毡垫。
（22）安装地板控制台上面板分总成。
（23）安装 1 号开关孔座（不带智能上车和启动系统）。
（24）安装 1 号开关孔座（带智能上车和启动系统）。
（25）安装前 1 号地板控制台嵌入件。
（26）安装左前围侧饰板。
（27）安装左前车门防磨板。
（28）安装前 2 号地板控制台嵌入件。
（29）安装仪表板 2 号底罩分总成。
（30）安装右前围侧饰板。
（31）安装右前车门防磨板。
（32）安装空调控制总成（自动空调系统）。
（33）安装空调面板总成（手动空调系统）。
（34）安装仪表板孔盖。
（35）安装仪表盒总成。
（36）安装中央仪表组装饰板总成（自动传动桥）。
（37）安装中央仪表组装饰板总成（手动传动桥）。

（38）安装换挡杆把手分总成（自动传动桥）。

（39）安装换挡杆把手分总成（手动传动桥）。

（40）安装带支架的收音机（不带导航系统）。

（41）安装带支架的导航接收器（带导航系统）。

（42）安装转向柱总成。

（43）将前轮转向正前位置。

（44）连接 2 号转向中间轴总成。

（45）安装刹车灯开关座调节器。

（46）安装刹车灯开关总成。

（47）安装转向柱孔盖消音板。

（48）安装防护罩（不带智能上车和启动系统）。

（49）将前轮转向正前位置。

（50）安装带螺旋电缆分总成的转向信号开关总成。

（51）安装上转向柱罩。

（52）安装下转向柱罩。

（53）调整螺旋电缆。

（54）安装方向盘总成。

（55）安装方向盘装饰盖。

（56）安装方向盘 3 号下盖。

（57）安装方向盘 2 号下盖。

（58）检查方向盘中心点。

（59）安装仪表板下装饰板分总成。

（60）安装仪表板 1 号底罩分总成。

（61）安装动力转向 ECU 总成。

（62）安装上仪表板分总成。

（63）连接仪表板线束总成。

（64）连接左前车门开口装饰密封条。

（65）安装仪表板下装饰板总成。

（66）连接右前车门开口装饰密封条。

（67）安装仪表板 1 号箱盖分总成。

（68）安装手套箱盖总成。

（69）安装左侧前柱装饰板（带窗帘式安全气囊）。

（70）安装左侧前柱装饰板（不带窗帘式安全气囊）。

（71）安装右侧前柱装饰板（带窗帘式安全气囊）。
（72）安装右侧前柱装饰板（不带窗帘式安全气囊）。
（73）安装组合仪表总成。
（74）安装仪表组装饰板总成。
（75）安装中央仪表板调风器总成。
（76）安装仪表板左端装饰板。
（77）安装仪表板右端装饰板。
（78）安装仪表板左下装饰板。
（79）安装仪表板右下装饰板。
（80）安装加热器出水软管。
（81）安装加热器进水软管。
（82）安装空调管路和附件总成。
（83）安装吸入管分总成。
（84）安装前围上外板。
（85）安装挡风玻璃刮水器电动机及连杆总成。
（86）安装左前围板上通风栅板。
（87）安装右前围板上通风栅板。
（88）安装发动机盖至前围上板密封。
（89）安装右前刮水器臂和刮水片总成。
（90）安装左前刮水器臂和刮水片总成。
（91）安装前刮水器臂帽盖。
（92）加注制冷剂。
（93）添加发动机冷却液（1ZR-FE）。
（94）添加发动机冷却液（2ZR-FE）。
（95）将电缆连接到蓄电池负极端子。

注意事项： 断开蓄电池电缆后重新连接时，某些系统需要初始化。

（96）检查冷却液是否泄漏（1ZR-FE）。
（97）检查冷却液是否泄漏（2ZR-FE）。
（98）初始化转角传感器和校正扭矩传感器零点。
（99）检查方向盘装饰盖。
（100）检查 SRS 警告灯。
（101）发动机暖机。
（102）检查制冷剂是否泄漏。

视频精讲

第二节 压缩机的拆卸、检查和安装

一、拆卸

（1）回收制冷系统中的制冷剂。
（2）拆卸散热器上的空气导流板。
（3）拆卸发动机后部右侧底罩。
（4）拆卸多楔带。
（5）断开吸入软管分总成。
① 拆下螺栓并将吸入软管分总成从压缩机和皮带轮上断开（图6-10）。
② 将O形圈从冷却器1号制冷剂吸入软管上拆下。
注意事项：用聚氯乙烯绝缘带密封断开部件的开口处，防止湿气和异物进入。

视频精讲

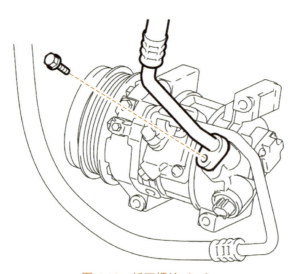

图 6-10 拆下螺栓（一）

（6）断开排放软管分总成。
① 拆下螺栓并将排放软管分总成从压缩机和皮带轮上断开（图6-11）。
② 从排放软管分总成上拆下O形圈。
注意事项：用聚氯乙烯绝缘带密封断开部件的开口处，防止湿气和异物进入。

（7）拆卸带皮带轮的压缩机总成。

① 断开连接器。

② 拆下 2 个螺栓和 2 个螺母（图 6-12）。

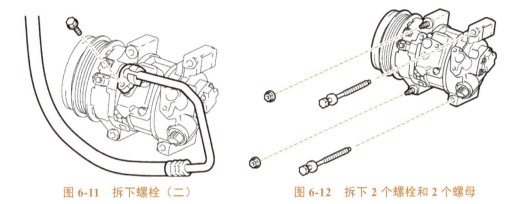

图 6-11　拆下螺栓（二）　　　　图 6-12　拆下 2 个螺栓和 2 个螺母

③ 使用套筒扳手（E8）拆下 2 个双头螺栓和带皮带轮的压缩机总成（图 6-13）。

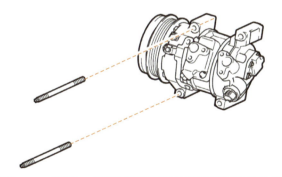

图 6-13　拆下 2 个双头螺栓和带皮带轮的压缩机总成

二、检查

检查压缩机和皮带轮（空调压缩机电磁阀），根据表 6-1 和图 6-14 中的值测量电阻。

表 6-1　标准电阻

检测仪连接	条件 /℃	规定状态 /Ω
B7-2（SOL+）-B7-1（SOL-）	20	10～11

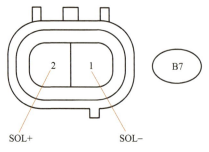

图 6-14　空调压缩机连接器

如果电阻不符合规定，则更换压缩机和皮带轮。

三、安装

（1）调节压缩机机油油位。在更换新的冷却器压缩机总成时，将惰性气体（氦）从维修阀中逐渐排出，并在安装前将剩余机油沿箭头指示方向从通风管中排出（图 6-15）。

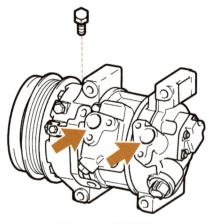

图 6-15　放油螺栓

提示：放油螺栓和垫圈能重复使用。

标准：新压缩机的机油容量－拆下的压缩机中的残余机油量＝更换时需要从新压缩机中排出的机油量。

小心：

① 如果安装新的压缩机时没有排出残留在车辆管路中的一些机油，油量将会过量。这会妨碍制冷剂循环的热交换，导致制冷系统失效。

② 如果拆下的压缩机中残余的油量过少，则检查是否漏油。

③ 确保使用 ND-OIL 8 或同等产品作为压缩机机油。

（2）安装带皮带轮的压缩机总成。

① 使用梅花套筒扳手（E8），用 2 个双头螺栓安装带皮带轮的压缩机总成，扭矩为 9.8 N·m。

② 用 2 个螺栓和 2 个螺母安装带皮带轮的压缩机总成。

提示： 按如图 6-16 所示拧紧螺栓和螺母，扭矩为 25N·m。

③ 连接连接器。

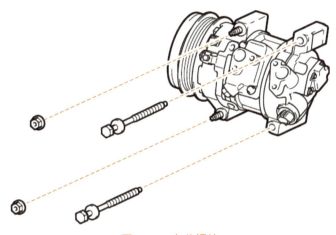

图 6-16　安装螺栓

（3）连接排放软管分总成。

① 将缠绕的聚氯乙烯绝缘带从软管上拆下。

② 在新 O 形圈以及带皮带轮的压缩机总成的装配面上充分涂抹压缩机机油。压缩机机油：ND-OIL 8 或同等产品。

③ 将 O 形圈安装到排放软管分总成上。

④ 用螺栓将排放软管分总成安装到带皮带轮的压缩机总成上，扭矩为9.8 N·m。

（4）连接吸入软管分总成。

① 将缠绕的聚氯乙烯绝缘带从软管上拆下。

② 在新 O 形圈以及带皮带轮的压缩机总成的装配面上充分涂抹压缩机机油。压缩机机油：ND-OIL 8 或同等产品。

③ 将 O 形圈安装到吸入软管分总成上。

④ 用螺栓将吸入软管分总成安装到带皮带轮的压缩机总成上，扭矩为 9.8 N·m。

（5）安装多楔带。

（6）调节多楔带。

（7）检查多楔带。
（8）安装发动机后部右侧底罩。
（9）安装散热器上的空气导流板。
（10）加注制冷剂。
（11）发动机暖机。
（12）检查制冷剂是否泄漏。

第三节　冷凝器的拆卸和安装

一、拆卸

（1）拆卸散热器上的空气导流板。
（2）拆下散热器格栅防护罩。
（3）拆卸前保险杠总成。
（4）排空清洗液（带前大灯清洗器系统）。
（5）断开1号水软管卡夹支架。
（6）断开发动机盖锁总成。
（7）拆卸2号风扇罩（1ZR-FE）。
（8）拆卸2号风扇罩（2ZR-FE）。

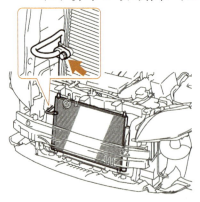

图 6-17　拆下螺栓（一）

（9）回收制冷系统中的制冷剂。
（10）断开排放软管分总成。
① 拆下螺栓（图6-17）并将排放软管分总成从冷凝器上断开。
② 从排放软管分总成上拆下O形圈。
小心：用聚氯乙烯绝缘带密封断开部件的开口处，防止湿气和异物进入。
（11）断开空调管路和附件总成。
① 拆下螺栓（图6-18）并将空调管和附件总成从冷凝器上断开。
② 将O形圈从空调管和附件总成上拆下。
小心：用聚氯乙烯绝缘带密封断开部件的开口处，防止湿气和异物进入。

第六章　汽车空调系统零部件拆装、检查和更换

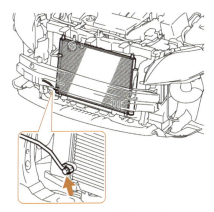

图 6-18　拆下螺栓（二）

（12）拆卸带接收器的冷凝器总成，如图 6-19 所示。

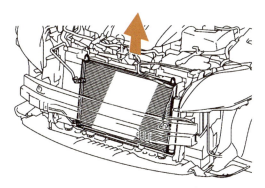

图 6-19　拆卸冷凝器总成

二、分解

（1）拆卸 1 号冷却器冷凝器缓冲垫（图 6-20）。

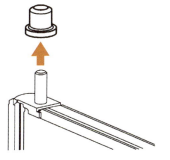

图 6-20　拆卸 1 号冷却器冷凝器缓冲垫（4 个）

（2）拆卸冷却器干燥器。

① 用 14 mm 直六角扳手拆下调节器上的盖（图 6-21）。

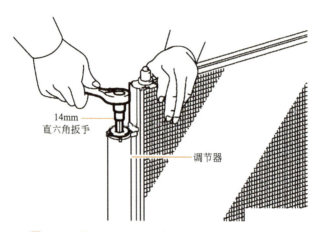

图 6-21　用 14 mm 直六角扳手拆下调节器上的盖

② 用钳子拆下冷却器干燥器（图 6-22）。

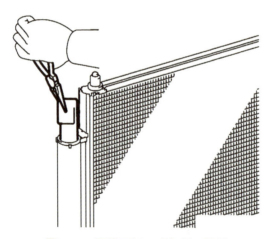

图 6-22　用钳子拆下冷却器干燥器

三、重新装配

（1）安装冷却器干燥器。

① 用钳子将冷却器干燥器安装到调节器上。

② 将压缩机机油充分涂抹到 O 形圈（图 6-23）和盖的装配面上。压缩机机油：ND-OIL 8 或同等产品。

图 6-23　O 形圈

③ 用 14 mm 直六角扳手将盖安装在冷却器冷凝器芯上，扭矩为 2.9N·m。
（2）安装 4 个 1 号冷却器冷凝器缓冲垫。

四、安装

（1）安装带接收器的冷凝器总成（图 6-24）。

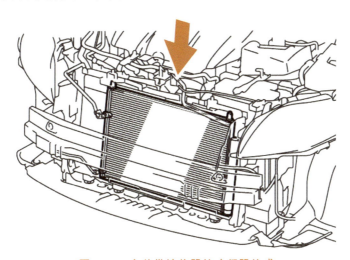

图 6-24　安装带接收器的冷凝器总成

提示：如果更换了新冷凝器，则需要向新冷凝器中加注压缩机机油，容量为 40mL。压缩机机油：ND-OIL8 或同等产品。

（2）连接空调管和附件总成。
① 从冷却器冷凝器总成的管和连接部位上拆下缠绕的聚氯乙烯绝缘带。
② 将压缩机机油充分涂抹到新 O 形圈和管接头处的装配面上。压缩机机油：ND-OIL 8 或同等产品。

③ 将 O 形圈安装至空调管和附件总成上。

④ 用螺栓将空调管和附件分总成安装至冷却器冷凝器总成上，扭矩为 5.4 N·m。

（3）连接排放软管分总成。

① 从冷却器冷凝器总成的管道和连接部位上拆下缠绕的聚氯乙烯绝缘带。

② 在新 O 形圈和管接头的装配表面上充分涂抹压缩机机油。压缩机机油：ND-OIL 8 或同等产品。

③ 将 O 形圈安装到排放软管的分总成上。

④ 用螺栓将排放软管分总成安装到冷却器冷凝器总成上，扭矩为 5.4N·m。

（4）加注制冷剂。

（5）安装 2 号风扇罩（1ZR-FE）。

（6）安装 2 号风扇罩（2ZR-FE）。

（7）安装发动机盖锁总成。

（8）检查发动机盖分总成。

（9）调整发动机盖分总成。

（10）连接 1 号水软管卡夹支架。

（11）注满清洗液（带前大灯清洗器系统）。

（12）安装前保险杠总成。

（13）安装散热器格栅防护罩。

（14）安装散热器上空气导流板。

（15）发动机暖机。

（16）检查制冷剂是否泄漏。

（17）雾灯对光调整的车辆准备工作。

（18）雾灯对光准备工作。

（19）雾灯对光检查。

（20）雾灯对光调整。

第四节　车内温度传感器的检查和更换

一、拆卸

（1）从蓄电池负极端子上断开电缆。

注意：
① 断开端子后等待 90s，以防止气囊展开。
② 断开蓄电池电缆后重新连接时，某些系统需要初始化。

（2）拆卸仪表板 1 号底罩分总成。
（3）拆卸仪表板下装饰板分总成。
（4）拆卸方向盘 3 号下盖。
（5）拆卸方向盘 2 号下盖。
（6）拆卸方向盘装饰盖。
（7）拆卸方向盘总成。
（8）拆卸下转向柱罩。
（9）拆卸上转向柱罩。
（10）拆卸仪表板左下装饰板。
（11）拆卸仪表板左端装饰板。
（12）拆卸仪表组装饰板总成。
（13）拆卸 1 号开关孔座（不带智能上车和启动系统）。
（14）拆卸 1 号开关孔座（带智能上车和启动系统）。
（15）拆卸车内温度传感器。
① 断开连接器。
② 脱开空气软管。
③ 脱开 2 个卡爪（图 6-25）并拆下车内温度传感器。

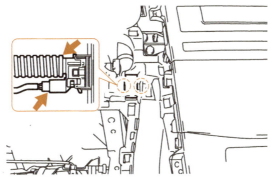

图 6-25　脱开 2 个卡爪

二、检查

根据表 6-2 和图 6-26 中的值测量电阻。

表 6-2 标准电阻

检测仪连接	条件 /°C	规定状态 /kΩ
E25-1-E25-2	10	3.00～3.73
	15	2.45～2.88
	20	1.95～2.30
	25	1.60～1.80
	30	1.28～1.47
	35	1.00～1.22
	40	0.80～1.00
	45	0.65～0.85
	50	0.50～0.70
	55	0.44～0.60
	60	0.36～0.50

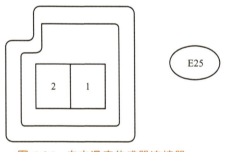

图 6-26 车内温度传感器连接器

如果电阻不符合规定，则更换车内温度传感器。

小心：

① 只能通过传感器的连接器来握住传感器。接触传感器可能会改变电阻值。

② 测量时，传感器温度必须与环境温度相同。

三、安装

（1）安装车内温度传感器。

① 接合 2 个卡爪并安装车内温度传感器。

② 接合空气软管。

③ 连接连接器。

（2）安装 1 号开关孔座（不带智能上车和启动系统）。

（3）安装 1 号开关孔座（带智能上车和启动系统）。

（4）安装仪表组装饰板总成。

（5）安装仪表板左端装饰板。

（6）安装仪表板左下装饰板。
（7）安装上转向柱罩。
（8）安装下转向柱罩。
（9）将前轮转向正前位置。
（10）调整螺旋电缆。
（11）安装方向盘总成。
（12）安装方向盘装饰盖。
（13）安装方向盘 3 号下盖。
（14）安装方向盘 2 号下盖。
（15）检查方向盘中心点。
（16）安装仪表板下装饰板分总成。
（17）安装仪表板 1 号底罩分总成。
（18）将电缆连接到蓄电池负极端子。

小心：断开蓄电池电缆后重新连接时，某些系统需要初始化。

（19）检查方向盘装饰盖。
（20）检查 SRS 警告灯。

第五节　环境温度传感器的检查和更换

一、拆卸

（1）拆卸散热器上的空气导流板。
（2）拆下散热器格栅防护罩。
（3）拆卸前保险杠总成。
（4）排空清洗液（带前大灯清洗器系统）。
（5）拆卸环境温度传感器。
① 断开连接器。
② 脱开卡夹（图 6-27）和环境温度传感器。

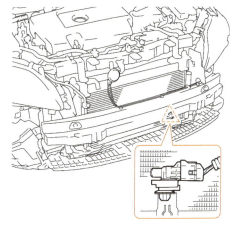

图 6-27　脱开卡夹
△　卡夹

二、检查

根据表 6-3 和图 6-28 中的值测量电阻。

表 6-3 标准电阻

检测仪连接	条件 /℃	规定状态 /kΩ
A23-1-A23-2	10	3.00～3.73
	15	2.45～2.88
	20	1.95～2.30
	25	1.60～1.80
	30	1.28～1.47
	35	1.00～1.22
	40	0.80～1.00
	45	0.65～0.85
	50	0.50～0.70
	55	0.44～0.60
	60	0.36～0.50

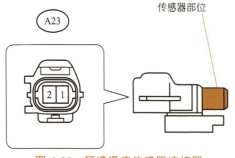

图 6-28 环境温度传感器连接器

如果电阻不符合规定,则更换环境温度传感器。

小心:

① 即使轻微接触传感器也可能会改变电阻值。确保握住传感器的连接器。

② 测量时,传感器温度必须与环境温度相同。

三、安装

(1)安装环境温度传感器。

① 接合卡夹并安装环境温度传感器。

② 连接连接器。

(2)注满清洗液(带前大灯清洗器系统)。

（3）安装前保险杠总成。
（4）安装散热器格栅防护罩。
（5）安装散热器上的空气导流板。
（6）雾灯对光调整的车辆准备工作。
（7）雾灯对光准备工作。
（8）雾灯对光检查。
（9）雾灯对光调整。

第六节　前蒸发器温度传感器的检查和更换

前蒸发器温度传感器如图 6-29 所示。

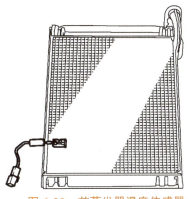

图 6-29　前蒸发器温度传感器

一、拆卸

（1）定位前轮，使其面向正前位置。
（2）从蓄电池负极端子断开电缆。

注意事项：

① 断开端子后等待 90s，以防止气囊展开。
② 断开蓄电池电缆后重新连接时，某些系统需要初始化。

（3）回收制冷系统中的制冷剂。
（4）拆卸前刮水器臂端盖。
（5）拆卸左前刮水器臂和刮水片总成。
（6）拆卸右前刮水器臂和刮水片总成。
（7）拆卸发动机盖至前围上板密封。
（8）拆卸右前围板上通风栅板。
（9）拆卸左前围板上通风栅板。
（10）拆卸挡风玻璃刮水器电动机及连杆总成。
（11）拆卸前围上外板。
（12）断开吸入管分总成。
（13）断开空调管路和附件总成。
（14）断开加热器出水软管。
（15）断开加热器进水软管。

（16）拆卸仪表板左下装饰板。

（17）拆卸仪表板右下装饰板。

（18）拆卸仪表板左端装饰板。

（19）拆卸仪表板右端装饰板。

（20）拆卸中央仪表板调风器总成。

（21）拆卸仪表组装饰板总成。

（22）拆卸组合仪表总成。

（23）拆卸左侧前柱装饰板（不带窗帘式安全气囊）。

（24）拆卸左侧前柱装饰板（带窗帘式安全气囊）。

（25）拆卸右侧前柱装饰板（不带窗帘式安全气囊）。

（26）拆卸右侧前柱装饰板（带窗帘式安全气囊）。

（27）拆卸仪表板下装饰板总成。

（28）断开左前车门开口装饰密封条。

（29）拆卸手套箱盖总成。

（30）拆卸仪表板1号箱盖分总成。

（31）断开右前车门开口装饰密封条。

（32）断开仪表板线束总成。

（33）拆卸上仪表板分总成。

（34）拆卸动力转向ECU总成。

（35）拆卸仪表板1号底罩分总成。

（36）拆卸仪表板下装饰板分总成。

（37）拆卸方向盘3号下盖。

（38）拆卸方向盘2号下盖。

（39）拆卸方向盘装饰盖。

（40）拆卸方向盘总成。

（41）拆卸下转向柱罩。

（42）拆卸上转向柱罩。

（43）拆卸带螺旋电缆分总成的转向信号开关总成。

（44）拆卸转向柱孔盖消音板。

（45）拆卸防护罩（不带智能上车和启动系统）。

（46）分离2号转向中间轴总成。

（47）拆卸刹车灯开关总成。

（48）拆卸刹车灯开关座调节器。

（49）拆卸转向柱总成。
（50）拆卸带支架的收音机（不带导航系统）。
（51）拆卸带支架的导航接收器（带导航系统）。
（52）拆卸换挡杆把手分总成（手动传动桥）。
（53）拆卸换挡杆把手分总成（自动传动桥）。
（54）拆卸中央仪表组装饰板总成（手动传动桥）。
（55）拆卸中央仪表组装饰板总成（自动传动桥）。
（56）拆卸仪表盒总成。
（57）拆卸仪表板孔盖。
（58）拆卸空调控制总成（自动空调系统）。
（59）拆卸空调面板总成（手动空调系统）。
（60）拆卸左前车门防磨板。
（61）拆卸左前围侧饰板。
（62）拆卸前1号地板控制台嵌入件。
（63）拆卸1号开关孔座（不带智能上车和启动系统）。
（64）拆卸1号开关孔座（带智能上车和启动系统）。
（65）拆卸右前车门防磨板。
（66）拆卸右前围侧饰板。
（67）拆卸仪表板2号底罩分总成。
（68）拆卸前2号地板控制台嵌入件。
（69）拆卸地板控制台上面板分总成。
（70）拆卸地板控制台毡垫。
（71）拆卸后地板控制台总成（手动传动桥）。
（72）拆卸后地板控制台总成（自动传动桥）。
（73）拆卸2号天线导线分总成。
（74）拆卸下仪表板分总成。
（75）拆卸3号后风管。
（76）拆卸1号后风管。
（77）拆卸1号风管分总成。
（78）拆卸下除霜器喷嘴总成。
（79）拆卸中央仪表板至前围支架。
（80）拆卸1号仪表板支架分总成（手动空调系统）。
（81）拆卸1号仪表板支架分总成（自动空调系统）。

（82）拆卸 2 号仪表板支架分总成。
（83）拆卸 2 号后风管。
（84）拆卸仪表板加强件总成（手动空调系统）。
（85）拆卸仪表板加强件总成（自动空调系统）。
（86）拆卸空调装置。
（87）拆卸 2 号风管分总成。
（88）拆卸 3 号风管分总成。
（89）拆卸鼓风机总成。
（90）拆卸空调线束总成（自动空调系统）。
（91）拆卸冷却器膨胀阀。
（92）拆卸 1 号冷却器蒸发器分总成。
（93）拆卸 1 号冷却器热敏电阻。将 1 号冷却器热敏电阻从 1 号冷却器蒸发器分总成上拆下。

二、检查

根据图 6-30 和表 6-4 中的值测量电阻。

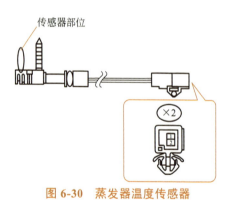

图 6-30 蒸发器温度传感器

表 6-4 标准电阻

检测仪连接	条件 /℃	规定状态 /kΩ
×2-1-×2-2	-10	7.30～9.10
	-5	5.65～6.95
	0	4.40～5.35
	5	3.40～4.15
	10	2.70～3.25
	15	2.14～2.58
	20	1.71～2.05
	25	1.38～1.64
	30	1.11～1.32

如果电阻不符合规定，则更换蒸发器温度传感器。

小心：

① 即使轻微接触传感器也可能会改变电阻值。确保握住传感器的连接器。

② 测量时，传感器温度必须与环境温度相同。

三、安装

（1）根据表 6-5 和图 6-31 安装 1 号冷却器热敏电阻。

表 6-5　长度

零部件尺寸	长度/mm
A	34.3
B	20.9
C	50

小心：

① 确保仅插入热敏电阻一次，因为重新插入热敏电阻不能将其牢固固定。

② 重新使用蒸发器时，将热敏电阻插入到以前使用过的热敏电阻的下一排（如图 6-31 X 所示）。

③ 插入热敏电阻后，不要对线束过度用力。

④ 直接插入热敏电阻，直到塑料壳"a"的边缘接触到蒸发器"b"。

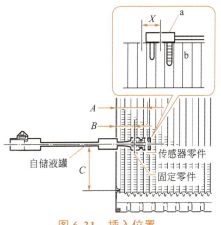

图 6-31　插入位置

（2）安装 1 号冷却器蒸发器分总成。
（3）安装冷却器膨胀阀。
（4）安装空调线束总成（自动空调系统）。
（5）安装鼓风机总成。
（6）安装 3 号风管分总成。
（7）安装 2 号风管分总成。
（8）临时紧固空调装置。
（9）安装仪表板加强件总成（手动空调系统）。
（10）安装仪表板加强件总成（自动空调系统）。
（11）安装空调装置。
（12）安装 2 号后风管。
（13）安装 2 号仪表板支架分总成。
（14）安装 1 号仪表板支架分总成（手动空调系统）。
（15）安装 1 号仪表板支架分总成（自动空调系统）。

（16）将中央仪表板安装至前围支架。

（17）安装下除霜器喷嘴总成。

（18）安装 1 号风管分总成。

（19）安装 1 号后风管。

（20）安装 3 号后风管。

（21）安装下仪表板分总成。

（22）安装 2 号天线导线分总成。

（23）安装后地板控制台总成（自动传动桥）。

（24）安装后地板控制台总成（手动传动桥）。

（25）安装地板控制台毡垫。

（26）安装地板控制台上面板分总成。

（27）安装 1 号开关孔座（不带智能上车和启动系统）。

（28）安装 1 号开关孔座（带智能上车和启动系统）。

（29）安装前 1 号地板控制台嵌入件。

（30）安装左前围侧饰板。

（31）安装左前车门防磨板。

（32）安装前 2 号地板控制台嵌入件。

（33）安装仪表板 2 号底罩分总成。

（34）安装右前围侧饰板。

（35）安装右前车门防磨板。

（36）安装空调控制总成（自动空调系统）。

（37）安装空调面板总成（手动空调系统）。

（38）安装仪表板孔盖。

（39）安装仪表盒总成。

（40）安装中央仪表组装饰板总成（自动传动桥）。

（41）安装中央仪表组装饰板总成（手动传动桥）。

（42）安装换挡杆把手分总成（自动传动桥）。

（43）安装换挡杆把手分总成（手动传动桥）。

（44）安装带支架的收音机（不带导航系统）。

（45）安装带支架的导航接收器（带导航系统）。

（46）安装转向柱总成。

（47）将前轮转向正前位置。

（48）连接 2 号转向中间轴总成。

（49）安装刹车灯开关座调节器。
（50）安装刹车灯开关总成。
（51）安装转向柱孔盖消音板。
（52）安装防护罩（不带智能上车和启动系统）。
（53）将前轮转向正前位置。
（54）安装带螺旋电缆分总成的转向信号开关总成。
（55）安装上转向柱罩。
（56）安装下转向柱罩。
（57）调整螺旋电缆。
（58）安装方向盘总成。
（59）安装方向盘装饰盖。
（60）安装方向盘 3 号下盖。
（61）安装方向盘 2 号下盖。
（62）检查方向盘中心点。
（63）安装仪表板下装饰板分总成。
（64）安装仪表板 1 号底罩分总成。
（65）安装动力转向 ECU 总成。
（66）安装上仪表板分总成。
（67）连接仪表板线束总成。
（68）连接左前车门开口装饰密封条。
（69）安装仪表板下装饰板总成。
（70）连接右前车门开口装饰密封条。
（71）安装仪表板 1 号箱盖分总成。
（72）安装手套箱盖总成。
（73）安装左侧前柱装饰板（带窗帘式安全气囊）。
（74）安装左侧前柱装饰板（不带窗帘式安全气囊）。
（75）安装右侧前柱装饰板（带窗帘式安全气囊）。
（76）安装右侧前柱装饰板（不带窗帘式安全气囊）。
（77）安装组合仪表总成。
（78）安装仪表组装饰板总成。
（79）安装中央仪表板调风器总成。
（80）安装仪表板左端装饰板。
（81）安装仪表板右端装饰板。

（82）安装仪表板左下装饰板。

（83）安装仪表板右下装饰板。

（84）安装加热器出水软管。

（85）安装加热器进水软管。

（86）安装空调管路和附件总成。

（87）安装吸入管分总成。

（88）安装前围上外板。

（89）安装挡风玻璃刮水器电动机及连杆总成。

（90）安装左前围板上通风栅板。

（91）安装右前围板上通风栅板。

（92）安装发动机盖至前围上板密封。

（93）安装右前刮水器臂和刮水片总成。

（94）安装左前刮水器臂和刮水片总成。

（95）安装前刮水器臂帽盖。

（96）加注制冷剂。

（97）添加发动机冷却液（1ZR-FE）。

（98）添加发动机冷却液（2ZR-FE）。

（99）将电缆连接到蓄电池负极端子。

小心： 断开蓄电池电缆后重新连接时，某些系统需要初始化。

（100）检查冷却液是否泄漏（1ZR-FE）。

（101）检查冷却液是否泄漏（2ZR-FE）。

（102）初始化转角传感器和校正扭矩传感器零点。

（103）检查方向盘装饰盖。

（104）检查 SRS 警告灯。

（105）发动机暖机。

（106）检查制冷剂是否泄漏。

第七节　阳光传感器的检查和更换

一、拆卸

（1）从蓄电池负极端子断开电缆。

注意事项：

① 断开端子后等待 90 s，以防止气囊展开。

② 断开蓄电池电缆后重新连接时，某些系统需要初始化。

（2）拆卸仪表板左下装饰板。

（3）拆卸仪表板右下装饰板。

（4）拆卸仪表板左端装饰板。

（5）拆卸仪表板右端装饰板。

（6）拆卸中央仪表板调风器总成。

（7）拆卸仪表组装饰板总成。

（8）拆卸组合仪表总成。

（9）拆卸左侧前柱装饰板（不带窗帘式安全气囊）。

（10）拆卸左侧前柱装饰板（带窗帘式安全气囊）。

（11）拆卸右侧前柱装饰板（不带窗帘式安全气囊）。

（12）拆卸右侧前柱装饰板（带窗帘式安全气囊）。

（13）拆卸仪表板下装饰板总成。

（14）断开左前车门开口装饰密封条。

（15）拆卸手套箱盖总成。

（16）拆卸仪表板 1 号箱盖分总成。

（17）断开右前车门开口装饰密封条。

（18）断开仪表板线束总成。

（19）拆卸上仪表板分总成。

（20）拆卸阳光传感器。

① 断开连接器。

② 脱开 2 个卡爪并拆下阳光传感器（图 6-32）。

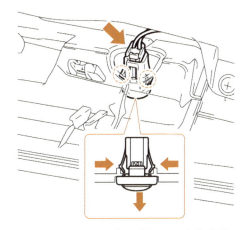

图 6-32 脱开 2 个卡爪并拆下阳光传感器

二、检查

（1）将连接器从阳光传感器上断开。

（2）根据表 6-6 和图 6-33 中的值测量电阻。

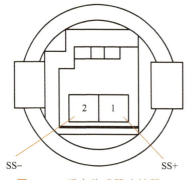

图 6-33　阳光传感器连接器

表 6-6　标准电阻

检测仪连接	条件	规定状态
SS+-SS-	用布盖上阳光传感器	∞
	用电灯照射阳光传感器	非∞

如果电阻不符合规定，则更换阳光传感器。

提示：用白炽灯检查，使它与阳光传感器的距离在约 30cm 之内。

三、安装

（1）安装阳光传感器。

① 接合 2 个卡爪并安装阳光传感器。

② 连接连接器。

（2）安装上仪表板分总成。

（3）连接仪表板线束总成。

（4）连接左前车门开口装饰密封条。

（5）安装仪表板下装饰板总成。

（6）连接右前车门开口装饰密封条。

（7）安装仪表板 1 号箱盖分总成。

（8）安装手套箱盖总成。

（9）安装左侧前柱装饰板（带窗帘式安全气囊）。

（10）安装左侧前柱装饰板（不带窗帘式安全气囊）。

（11）安装右侧前柱装饰板（带窗帘式安全气囊）。

（12）安装右侧前柱装饰板（不带窗帘式安全气囊）。

（13）安装组合仪表总成。

（14）安装仪表组装饰板总成。

（15）安装中央仪表板调风器总成。

（16）安装仪表板左端装饰板。

（17）安装仪表板右端装饰板。

（18）安装仪表板左下装饰板。

（19）安装仪表板右下装饰板。

（20）将电缆连接到蓄电池负极端子。

小心：断开蓄电池电缆后重新连接时，某些系统需要初始化。

（21）检查 SRS 警告灯。

第八节　检查空调压力传感器

（1）安装歧管压力表组件。

（2）将连接器从空调压力传感器上断开。

（3）将 3 节 1.5 V 干电池的正极（+）引线连接到端子 3，并将负极（-）引线连接到端子 1。

（4）将蓄电池正极（+）引线连接到端子 2 上，负极（-）引线连接到端子 1 上。

（5）根据表 6-7 和图 6-34 中的值测量电压。

表 6-7　标准电压

检测仪连接	条件 /MPa	规定状态 /V
2-1	制冷剂压力：0.39～3.187	1.0～4.8

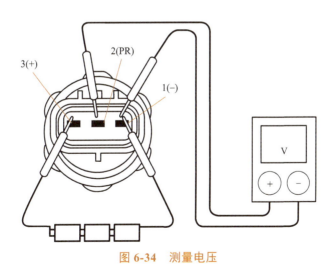

图 6-34　测量电压

如果结果不符合规定，则更换空调压力传感器。

第九节　空调面板拆装

一、拆卸

（1）拆卸仪表板左下装饰板。
（2）拆卸仪表板右下装饰板。
（3）拆卸仪表板左端装饰板。
（4）拆卸仪表板右端装饰板。
（5）拆卸中央仪表板调风器总成。
（6）拆卸带支架的收音机（不带导航系统）。
（7）拆卸带支架的导航接收器（带导航系统）。
（8）拆卸换挡杆把手分总成（手动传动桥）。
（9）拆卸换挡杆把手分总成（自动传动桥）。
（10）拆卸中央仪表组装饰板总成（手动传动桥）。
（11）拆卸中央仪表组装饰板总成（自动传动桥）。
（12）拆卸仪表盒总成。
（13）拆卸仪表板孔盖。
（14）拆卸空调面板总成。
① 脱开 4 个卡子并拆下空调面板总成（图 6-35）。

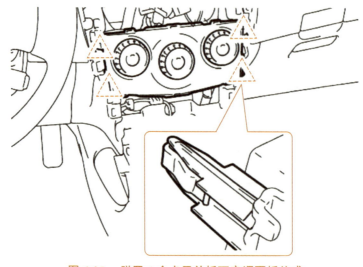

图 6-35　脱开 4 个卡子并拆下空调面板总成

② 断开各连接器。
③ 脱开 2 个卡爪和 2 号加热器控制拉索分总成（图 6-36）。

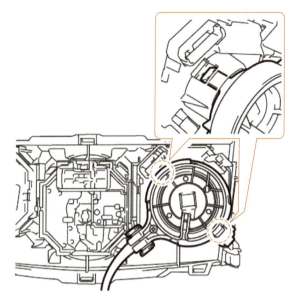

图 6-36　脱开 2 个卡爪和 2 号加热器控制拉索分总成

④ 脱开 2 个卡爪和空气混合风门控制拉索分总成（图 6-37）。

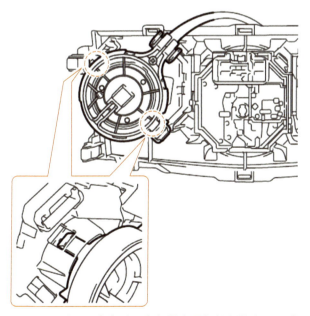

图 6-37　脱开 2 个卡爪和空气混合风门控制拉索分总成

二、分解

1. 拆卸加热器控制器底座分总成

(1) 脱开2个卡爪,拆卸加热器控制器底座分总成(图6-38)。

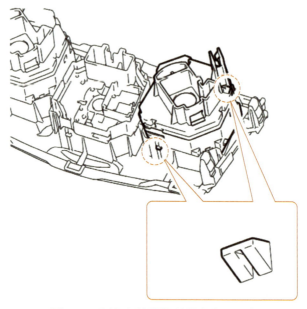

图6-38 拆卸加热器控制器底座分总成

(2) 拆下灯泡(图6-39)。

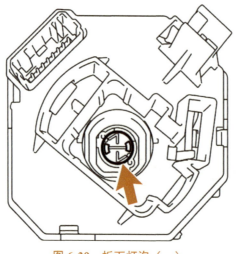

图6-39 拆下灯泡(一)

2. 拆卸加热器控制器分总成

（1）脱开 2 个卡爪，拆卸加热器控制器分总成（图 6-40）。

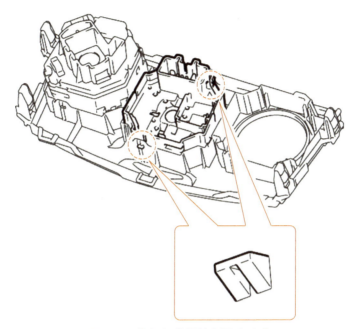

图 6-40　拆卸加热器控制器分总成

（2）拆下灯泡（图 6-41）。

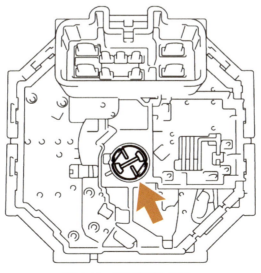

图 6-41　拆下灯泡（二）

3. 拆卸 3 号加热器控制器分总成

（1）脱开 2 个卡爪，拆卸 3 号加热器控制器分总成（图 6-42）。

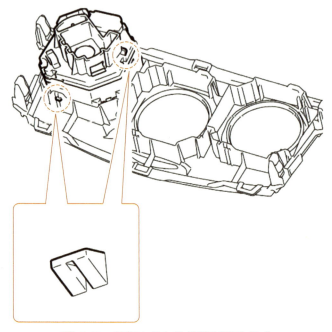

图 6-42　拆卸 3 号加热器控制器分总成

（2）拆下灯泡（图 6-43）。

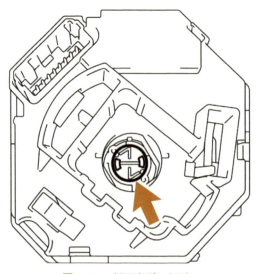

图 6-43　拆下灯泡（三）

三、检查

1. 检查加热器控制器底座（进气控制开关）

（1）将连接器从加热器控制器底座上断开（进气控制开关）。

（2）根据表 6-8 和图 6-44 中的值测量电阻。

表 6-8　标准电阻

检测仪连接（符号）	开关状态	规定状态
3（FRS）-4（REC）	进气控制开关：FREE	小于 1Ω
3（FRS）-4（REC）	进气控制开关：LOCK	10kΩ 或更大

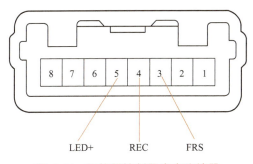

图 6-44　加热器控制器底座连接器

（3）检查并确认该指示灯亮起。

① 将加热器控制器底座（进气控制开关）转至"LOCK"位置。

② 将蓄电池正极（+）引线连至端子 2，负极（-）引线连至端子 4，检查并确认指示灯亮起。

正常：指示灯亮起。

如果结果不符合规定，则更换加热器控制器底座（进气控制开关）。

2. 检查加热器控制器（鼓风机开关）

（1）将连接器从加热器控制器上断开（鼓风机开关）。

（2）根据表 6-9 和图 6-45 中的值测量电阻。

表 6-9　标准电阻

检测仪连接（符号）	鼓风机开关状态	规定状态
4（LO），6（HI），9（M1），10（M2）-5（E）	OFF	10kΩ 或更大

续表

检测仪连接（符号）	鼓风机开关状态	规定状态
4（LO）-5（E）	LO	小于1Ω
4（LO），9（M1）-5（E）	M1	
4（LO），10（M2）-5（E）	M2	
4（LO），6（HI）-5（E）	HI	

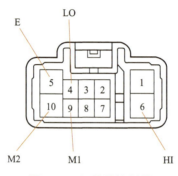

图 6-45　加热器控制器

如果结果不符合规定，则更换加热器控制器（鼓风机开关）。

3. 检查 3 号加热器控制器

（1）将连接器从 3 号加热器控制器上断开。

（2）根据表 6-10 和图 6-46 中的值测量电阻。

表 6-10　标准电阻

检测仪连接（符号）	加热器控制器底座开关状态	规定状态
2（B）-3（A/C）	（A/C）：LOCK	小于1Ω
	（A/C）：FREE	10kΩ 或更大
7（B）-8（E）	（MAX HOT）：ON	小于1Ω
	（MAX HOT）：OFF	10kΩ 或更大

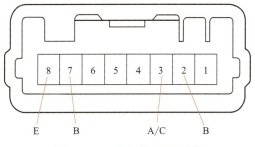

图 6-46　3 号加热器控制器

（3）检查并确认该指示灯亮起。将蓄电池正极（+）引线连至端子 3，负极（-）引线连至端子 4，检查并确认指示灯亮起。

正常：指示灯亮起。

如果结果不符合规定，则更换 3 号加热器控制器。

四、重新装配

1. 安装 3 号加热器控制器分总成

（1）安装灯泡。

（2）接合 2 个卡爪，安装 3 号加热器控制器分总成。

2. 安装加热器控制器分总成

（1）安装灯泡。

（2）接合 2 个卡爪，安装加热器控制器分总成。

3. 安装加热器控制器底座分总成

（1）安装灯泡。

（2）接合 2 个卡爪，安装加热器控制器底座分总成。

五、安装

（1）安装空调面板总成。

① 接合 2 个卡爪和空气混合风门控制拉索分总成。

② 接合 2 个卡爪和 2 号加热器控制拉索分总成。

③ 连接每个连接器。

④ 接合 4 个卡子并安装空调面板总成。

（2）安装仪表板孔盖。

（3）安装仪表盒总成。

（4）安装中央仪表组装饰板总成（手动传动桥）。

（5）安装中央仪表组装饰板总成（自动传动桥）。

（6）安装换挡杆把手分总成（手动传动桥）。

（7）安装换挡杆把手分总成（自动传动桥）。

（8）安装带支架的收音机（不带导航系统）。

（9）安装带支架的导航接收器（带导航系统）。

（10）安装中央仪表板调风器总成。

（11）安装仪表板右端装饰板。

（12）安装仪表板左端装饰板。

（13）安装仪表板右下装饰板。

（14）安装仪表板左下装饰板。

第七章 空调系统故障快速检修与故障排除方法

第一节 根据表压力快速检修与故障排除方法

一、检测前的准备工作

通过歧管压力表组件读取空调系统高、低压侧的压力值,维修人员可以查找空调系统相关故障。检测前,做好以下准备工作。

① 将车辆的所有车门打开。

② 启动发动机,打开空调开关,使发动机以 1500r/min 的转速运转。

③ 将鼓风机调至风量最大位置。

④ 将温度设定为最低状态。

⑤ 将通风模式设定为内循环时,进气口的温度为 30 ~ 35℃。

二、压力表读数正常范围

如果制冷系统工作正常,仪表的读数应如下(图7-1)。

低压侧:0.15～0.25MPa(1.5～2.5kgf/cm²,21.3～35.5psi)。

高压侧:1.37～1.57MPa(14～16kgf/cm²,199.1～227.5psi)。

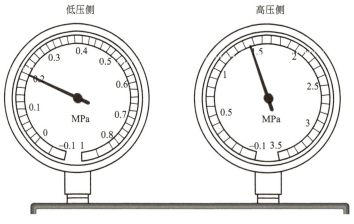

图 7-1　压力表

三、低压表读数处于真空

如果在空调运行期间,低压侧的压力在正常和真空之间切换,则制冷系统中可能出现了湿气,系统会间断性工作,最终导致系统不制冷(图7-2、表7-1)。

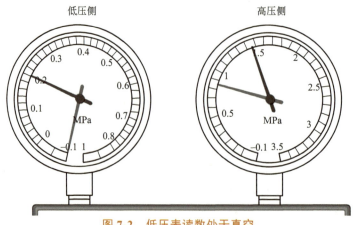

图 7-2　低压表读数处于真空

表 7-1 对检测结果的分析（一）

症状	可能原因	诊断	纠正措施
操作期间，低压侧的压力在正常和真空之间切换	● 空调系统中的湿气在膨胀阀节流孔处冻结，导致制冷剂循环暂时停止 ● 系统停止后重新暖机，冰融化且暂时恢复正常操作	● 冷却器干燥器（集成在冷凝器内）处于过饱和状态 ● 制冷系统内的湿气会在膨胀阀节流孔处冻结，阻碍制冷剂的循环	● 更换冷却器干燥器 ● 通过反复抽出空气，除去系统中的湿气 ● 加注适量的新制冷剂

四、低压侧和高压侧的压力均低（一）

如果在空调运行期间，低压侧和高压侧的压力均低于正常范围，通过空调观察孔可以不断看到气泡，并且系统不能有效制冷，则说明系统制冷剂不足或有泄漏。压力表读数如图 7-3 所示，对检测结果的分析见表 7-2。

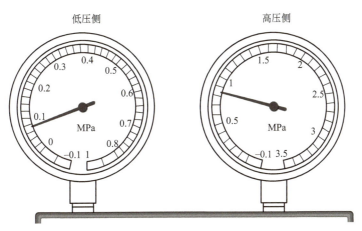

图 7-3 压力表读数（一）

表 7-2 对检测结果的分析（二）

症状	可能原因	诊断	纠正措施
● 低压侧和高压侧的压力均低 ● 通过观察孔可不断地看到气泡 ● 制冷性能不足	制冷系统漏气	● 制冷剂不足 ● 制冷剂泄漏	● 检查有无漏气，必要时进行维修 ● 加注适量的新制冷剂 ● 如果仪表指示压力接近于0，则有必要在修复泄漏后抽空系统

五、低压侧和高压侧的压力均低（二）

如果在空调运行期间，低压侧和高压侧的压力均低于正常范围，并且冷凝器至制冷装置的管道结霜，则说明制冷剂循环不良导致系统不能有效制冷。仪表的读数如图 7-4 所示，对检测结果的分析见表 7-3。

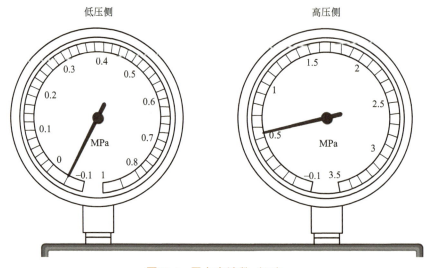

图 7-4　压力表读数（二）

表 7-3　对检测结果的分析（三）

症状	可能原因	诊断	纠正措施
●低压侧和高压侧的压力均低 ●冷凝器至制冷装置的管道结霜	制冷剂液流被冷凝器芯管路内的灰尘堵塞	储液器堵塞	更换冷凝器

六、低压侧显示真空，高压侧显示压力非常低

如果在空调运行期间，低压侧显示真空，高压侧显示压力非常低，并且在储液器/干燥器或膨胀阀的两侧管路上均能看到结霜或冷凝现象，则说明制冷剂不循环导致制冷系统不工作或偶尔工作。压力表读数如图 7-5 所示，对检测结果的分析见表 7-4。

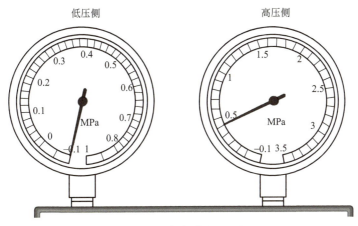

图 7-5 压力表读数（三）

表 7-4 对检测结果的分析（四）

症状	可能原因	诊断	纠正措施
● 低压侧显示真空，高压侧显示压力非常低 ● 在储液器/干燥器或膨胀阀的两侧管路上均能看到结霜或冷凝现象	● 制冷剂的流动被制冷系统中的湿气或灰尘堵塞 ● 膨胀阀内部漏气造成制冷剂流中断	制冷剂不循环	● 更换膨胀阀 ● 更换冷凝器 ● 排空气体并加注适量的新制冷剂 ● 膨胀阀内部漏气时，更换膨胀阀

七、低压侧和高压侧的压力均过高（一）

如果在空调运行期间，低压侧和高压侧的压力均过高，并且即使发动机转速下降，通过观察孔也看不到气泡，则说明制冷剂加注过量或冷凝器的冷却效果不良导致制冷系统不工作。压力表读数如图 7-6 所示，对结果的检测分析见表 7-5。

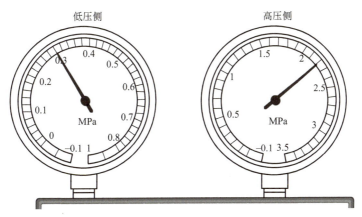

图 7-6 压力表读数（四）

表 7-5 对检测结果的分析（五）

症状	可能原因	诊断	纠正措施
● 低压侧和高压侧的压力均过高 ● 即使发动机转速下降，通过观察孔也看不到气泡	● 过度使用制冷系统导致性能不能充分发挥 ● 冷凝器的冷却效果不良	● 循环中的制冷剂过量→重新加注时添加了过量的制冷剂 ● 冷凝器的冷却效果不良→冷却风扇的冷凝器散热片堵塞	● 清洁冷凝器 ● 检查冷凝器冷却风扇的工作情况 ● 如果前两个状态正常，则检查制冷剂量并加注适量的制冷剂

八、低压侧和高压侧的压力均过高（二）

如果在空调运行期间，低压侧和高压侧的压力均过高，并且低压管路过热，不能触摸，同时通过观察孔能看到气泡，则说明制冷系统中有空气导致制冷系统不工作。压力表读数如图 7-7 所示，对检测结果的分析见表 7-6。

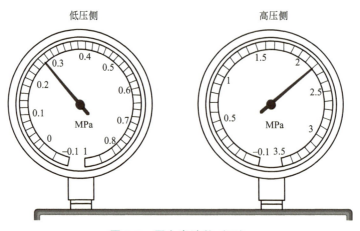

图 7-7 压力表读数（五）

表 7-6 对检测结果的分析（六）

症状	可能原因	诊断	纠正措施
● 低压侧和高压侧的压力均过高 ● 低压管路过热，不能触摸 ● 通过观察孔能看到气泡	系统中有空气	● 制冷系统中存在空气 ● 真空净化不良	● 检查压缩机机油是否脏污或不足 ● 排空系统并重新加注新的或净化过的制冷剂

九、低压侧和高压侧的压力均过高（三）

如果在空调运行期间，低压侧和高压侧的压力均过高，并且低压侧管路有霜或大量冷凝，则说明膨胀阀故障导致系统制冷不足。压力表读数如图 7-8 所示，对检测结果的分析见表 7-7。

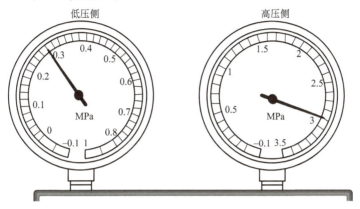

图 7-8　压力表读数（六）

表 7-7　对检测结果的分析（七）

症状	可能原因	诊断	纠正措施
● 低压侧和高压侧的压力均过高 ● 低压侧管路有霜或大量冷凝	膨胀阀可能卡住	● 在低压管路内存在过量制冷剂 ● 膨胀阀开度过大	检查膨胀阀

十、低压侧的压力过高，而高压侧的压力过低

如果在空调运行期间，低压侧的压力过高，而高压侧的压力过低，则说明压缩机压缩量不足导致系统制冷不足。压力表读数如图 7-9 所示，对检测结果的分析见表 7-8。

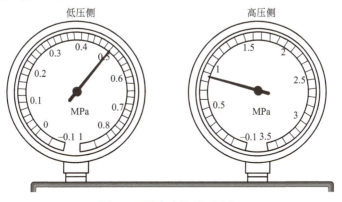

图 7-9　压力表读数（七）

表 7-8 对检测结果的分析（八）

症状	可能原因	诊断	纠正措施
• 低压侧的压力过高 • 高压侧的压力过低	压缩机内部泄漏	• 压缩能力过低 • 阀门损坏引起泄漏，或零件可能断裂	更换压缩机

第二节　制冷时压缩机不能启动故障快速检修与故障排除方法

制冷时压缩机不能启动故障分析见表 7-9。

表 7-9　制冷时压缩机不能启动故障分析

故障现象	汽车空调开启制冷时压缩机不能启动
故障原因	（1）电器元件接触不良，熔丝熔断，空调开关损坏，继电器内线圈脱焊，搭铁线接触不良 （2）电磁离合器有故障 （3）环境温度过低 （4）恒温器调定值太高，而室温很低 （5）制冷剂漏光 （6）急速提高装置有故障，急速转速未提高 （7）热敏电阻不对 （8）压缩机轴承烧坏或缺油 （9）压缩机的皮带过松或开裂
排除	（1）检查电器元件，焊牢接线，更换损坏元件 （2）检查离合器 （3）检查低温（低压）保护开关 （4）将恒温器转至最低温度挡 （5）检查制冷剂量和低压保护开关 （6）检查急速提高装置并调整、修理 （7）检查热敏电阻 （8）分解压缩机，更换轴承或按规定加油 （9）张紧或更换皮带

第三节　断断续续有冷气流出故障快速检修与故障排除方法

断断续续有冷气流出故障分析见表 7-10。

表 7-10　断断续续有冷气流出故障分析

故障现象	空调使用时冷气断断续续流出
故障原因	（1）电磁离合器打滑，有可能是制冷剂过量造成的 （2）膨胀阀冰堵或脏堵 （3）电器接线接触不良
排除	（1）检查离合器或排除过量的制冷剂 （2）按有水或脏物处理 （3）检查接线

第四节　只在高速时有冷气故障快速检修与故障排除方法

只在高速时有冷气故障分析见表 7-11。

表 7-11　只在高速时有冷气故障分析

故障现象	空调只在高速时有冷气
故障原因	（1）冷凝器堵塞 （2）压缩机皮带打滑 （3）压缩机有故障
排除	（1）清理冷凝器 （2）调整皮带张紧力 （3）更换压缩机，更换全部密封垫和密封圈

第五节　冷风量不足，蒸发器及低压管大量结霜故障快速检修与故障排除方法

冷风量不足，蒸发器及低压管大量结霜故障分析见表 7-12。

表 7-12　冷风量不足，蒸发器及低压管大量结霜故障分析

故障现象	空调冷风量不足，蒸发器及低压管大量结霜
故障原因	（1）蒸发器或风道阻塞 （2）蒸发器箱或风道漏 （3）恒温器故障 （4）风机故障 （5）风机调速电阻故障 （6）蒸发箱温度传感器故障
排除	（1）清理蒸发器、风道 （2）维修箱壳或风道 （3）检查并调整恒温器 （4）维修或更换风机 （5）维修或更换电阻器 （6）维修或更换蒸发箱温度传感器

第六节　压缩机不能正常自动停转故障快速检修与故障排除方法

压缩机不能正常自动停转故障分析见表 7-13。

表 7-13　压缩机不能正常自动停转故障分析

故障现象	空调压缩机不能正常自动停转
故障原因	在正常工作情况下，对于采用循环离合器控制方式的空调机组（在部分汽车空调采用此方法），压缩机会间断停转（由温控器自动控制）。若压缩机一直不停运转，或在过低气温下、缺少制冷剂情况下或系统高压过高（冷凝器温度过高）时，压缩机仍能运转，则是不正常的 （1）蒸发箱温度传感器损坏 （2）高压压力开关损坏 （3）电线短路

故障现象	空调压缩机不能正常自动停转
排除	（1）蒸发箱温度传感器损坏 通过检测仪读取制冷时的温度和不制冷时的温度，来判断是否损坏 （2）高压压力开关损坏 使用压力表测量空调系统压力并记录数据，再使用检测仪读取空调压力的数据，判断是否损坏 （3）电线短路 检查压缩机和其他相关的线路，如果有短路则对线路进行维修或更换

第七节　低压侧压力过高，高压侧压力过低故障快速检修与故障排除方法

低压侧压力过高，高压侧压力过低故障分析见表 7-14。

表 7-14　低压侧压力过高，高压侧压力过低故障分析

故障现象	低压侧压力过高，高压侧压力过低，压缩机有不正常敲击声，压缩机外壳高、低压侧温差不大
故障原因	压缩机阀片碎，轴承损坏，密封垫损坏
排除	更换压缩机，更换全部密封垫和密封圈

第八节　视液镜中有浑浊气泡故障快速检修与故障排除方法

视液镜中有浑浊气泡故障分析见表 7-15。

表 7-15　视液镜中有浑浊气泡故障分析

故障现象	低压侧压力过高，高压侧压力过低，压缩机有不正常敲击声，压缩机外壳高、低压侧温差不大
故障原因	（1）冷冻油过多 （2）干燥瓶上易熔塞熔化 （3）新鲜风门未关或关闭不严
排除	（1）快速放出制冷剂并重新补液 （2）更换干燥瓶 （3）检查新鲜风门开关

第八章 空调系统故障诊断与排除实例

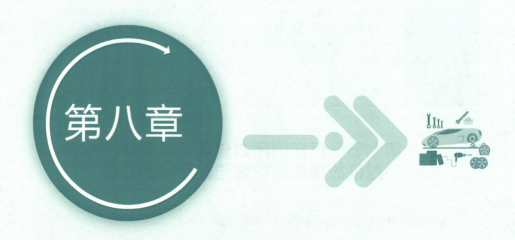

第一节 概述

一、汽车空调系统故障码（表 8-1）

表 8-1 汽车空调系统故障码

DTC 代码	检测项目	故障部位
B1411/11	车内温度传感器电路	（1）空调车内温度传感器 （2）空调车内温度传感器和空调放大器之间的线束或连接器 （3）空调放大器

续表

DTC 代码	检测项目	故障部位
B1412/12	环境温度传感器电路	（1）环境温度传感器 （2）环境温度传感器和组合仪表之间的线束或连接器 （3）组合仪表 （4）CAN 通信系统 （5）空调放大器
B1413/13	蒸发器温度传感器电路	（1）空调线束 （2）蒸发器温度传感器 （3）空调放大器
B1421/21	乘客侧阳光传感器电路	（1）阳光传感器 （2）阳光传感器和空调放大器之间的线束或连接器 （3）空调放大器
B1423/23	压力传感器电路	（1）压力传感器 （2）压力传感器和空调放大器之间的线束或连接器 （3）空调放大器 （4）膨胀阀（堵塞、卡滞） （5）冷凝器（由于污垢而引起的制冷功能堵塞、失效） （6）冷却器干燥器（制冷剂循环的水分无法吸收） （7）冷却风扇系统（冷凝器无法冷却） （8）空调系统（泄漏、堵塞）
B1441/41	乘客侧空气混合风门控制伺服电动机电路	（1）空调放大器 （2）空调线束 （3）空气混合控制伺服电动机
B1442/42	进气风门控制伺服电动机电路	（1）空调放大器 （2）空调线束 （3）进气控制伺服电动机
B1443/43	出气风门控制伺服电动机电路	（1）空调放大器 （2）空调线束 （3）出气控制伺服电动机
B1451/51	压缩机电磁阀电路	（1）空调压缩机 （2）空调放大器和外部可变排量压缩机电磁阀之间的线束或连接器 （3）空调放大器
B1497/97	BUS IC 通信故障	（1）空调线束 （2）空调放大器
B1499/99	多路通信电路	CAN 通信系统

二、执行器检查

（1）启动发动机并暖机。

（2）执行指示灯检查。

（3）按下"R/F"开关（图8-1）进行执行器检查。

提示：发动机启动以后，一定要进行执行器检查。

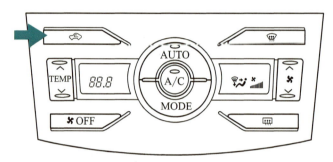

图 8-1　按下"R/F"开关

（4）当执行器检查以1s的间隔重复执行步骤1～10时（表8-2），通过目视和用手检查温度及气流。显示代码如图8-2所示。

提示：

① 在逐步操作中，显示屏每隔1s闪烁1次。

② 按下"OFF"开关结束面板诊断。

③ 按下"AUTO"开关进入传感器检测模式。

（5）如果步骤因自动改变而难以读取，则按下"DEF"开关可逐步显示步骤，便于读取。每按下"DEF"开关时（图8-3），逐步显示项目。

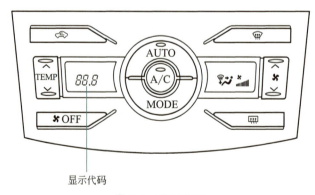

图 8-2　显示代码

表 8-2　执行步骤

步骤	显示代码	条件				
		鼓风机速度等级	空气混合风门	出风口	进气风门	压缩机
1	0	0	0 开度	FACE	FRESH	OFF
2	1	1	0 开度	FACE	FRESH	OFF
3	2	17	0 开度	FACE	RECIRCULATION/FRESH	ON
4	3	17	0 开度	FACE	RECIRCULATION	ON
5	4	17	50% 开度	B/L	RECIRCULATION	ON
6	5	17	50% 开度	B/L	RECIRCULATION	ON
7	6	17	50% 开度	FOOT	FRESH	ON
8	7	17	100% 开度	FOOT-0	FRESH	ON
9	8	17	100% 开度	F/D	FRESH	ON
10	9	31	100% 开度	DEF	FRESH	ON

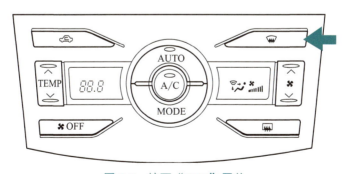

图 8-3　按下"DEF"开关

提示：

① 按下"OFF"开关结束面板诊断。

② 按下"R/F"开关进入传感器检测模式。

第二节 车内温度传感器电路（B1411/11）故障诊断与排除

说明：本传感器检测作为温度控制依据的车内温度，并发送信号至空调放大器。

一、车内温度传感器电路图（图 8-4）

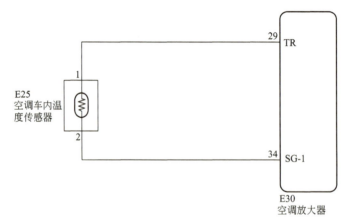

图 8-4 车内温度传感器电路图

二、检查流程

1. 使用诊断仪检查

（1）将智能检测仪连接到 DLC3。

（2）将点火开关置于 ON（IG）位置，并打开智能检测仪主开关。

（3）选择数据流（表 8-3）中的项目，并读取智能检测仪上显示的数值。

表 8-3 数据流

检测仪显示	测量项目 / 范围	正常状态
Room Temperature Sensor（Room Temp）	车内温度传感器 / 最低 -6.5℃； 最高 57.25℃	显示实际的车内温度

正常：显示值与正常状态列中的数值相符（表 8-4）。

表 8-4 结果及处理

结果	处理
异常	检查空调车内温度传感器
正常（根据故障症状表进行故障排除时）	继续检查下一电路
正常（根据 DTC 进行故障排除时）	更换空调放大器

2. 检查流程

（1）检查空调放大器。

① 拆下空调放大器，使连接器仍然保持连接状态。

② 将点火开关置于 ON（IG）位置。

③ 根据图 8-5 和表 8-5 中的值测量电压。

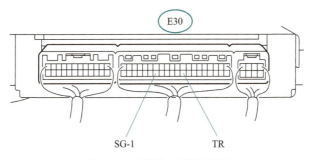

图 8-5 空调放大器连接器

表 8-5 空调放大器连接器标准电压

检测仪连接	条件	规定状态 /V
E30-29（TR）-E30-34（SG-1）	点火开关：置于 ON（IG）位置 25℃	1.35～1.75
	点火开关：置于 ON（IG）位置 40℃	0.9～1.2

提示：当温度上升时，电压下降。

结果：

a. 若异常，则检查空调车内温度传感器。

b. 若正常（根据故障症状表进行故障排除时），则继续检查故障症状表中所示的下一个电路。

c. 若正常（根据 DTC 进行故障排除时），则更换空调放大器。

（2）检查空调车内温度传感器。

① 拆下空调车内温度传感器。

② 根据图 8-6 和表 8-6 中的值测量电阻。

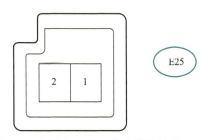

图 8-6　空调车内温度传感器连接器（一）

表 8-6　空调车内温度传感器连接器标准电阻（一）

检测仪连接	条件 /°C	规定状态 /kΩ
E25-1-E25-2	10	3.00～3.73
	15	2.45～2.88
	20	1.95～2.30
	25	1.60～1.80
	30	1.28～1.47
	35	1.00～1.22
	40	0.80～1.00
	45	0.65～0.85
	50	0.50～0.70
	55	0.44～0.60
	60	0.36～0.50

小心：

a. 只能通过传感器的连接器来握住传感器。接触传感器可能会改变电阻值。

b. 测量时，传感器温度必须与环境温度相同。

提示：随着温度升高，电阻减小。若异常，则更换空调车内温度传感器；若正常，则检查线束和连接器（空调车内温度传感器-空调放大器）。

（3）检查线束和连接器（空调车内温度传感器-空调放大器）。

① 将连接器从空调放大器连接器（图 8-7）上断开。

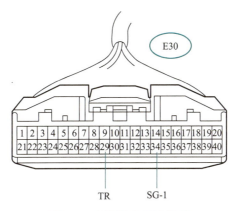

图 8-7 空调放大器连接器

② 将连接器从空调车内温度传感器上断开。

③ 根据图 8-8 和表 8-7 中的值测量电阻。

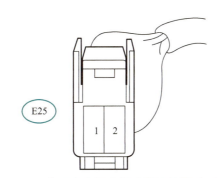

图 8-8 空调车内温度传感器连接器（二）

表 8-7 空调车内温度传感器连接器标准电阻（二）

检测仪连接	条件	规定状态
E30-29（TR）-E25-1	始终	小于 1Ω
E30-34（SG-1）-E25-2		
E30-29（TR）-车身搭铁		10kΩ 或更大
E30-34（SG-1）-车身搭铁		

如果异常，则维修或更换线束或连接器；如果正常，则更换空调放大器。

第三节　环境温度传感器电路（B1412/12）故障诊断

说明：该传感器检测车外温度并将相应的信号发送至空调控制总成。

一、环境温度传感器电路图（图8-9）

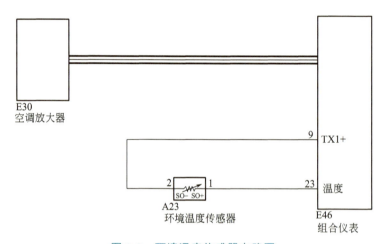

图 8-9　环境温度传感器电路图
≡ CAN

二、检查流程

1. 检查 CAN 通信系统（组合仪表−空调放大器）

（1）使用智能检测仪。

（2）检查并确认组合仪表和空调放大器间的 CAN 通信系统工作正常。

结果：若未输出 CAN DTC，则读取智能检测仪的值；若输出 CAN DTC，则转至 CAN 通信系统。

2. 读取智能检测仪的值

（1）将智能检测仪连接到 DLC3。

（2）将点火开关置于 ON（IG）位置，并打开智能检测仪主开关。

（3）选择数据流（表 8-8）中的项目，并读取智能检测仪上显示的内容。

表 8-8　数据流

检测仪显示	测量项目/范围	正常状态	诊断备注
Ambient Temp Sensor（Ambi Temp Sens）	环境温度传感器/最低 -23.3℃；最高 65.95℃	显示实际的环境温度	电路断路：-23.3℃ 电路短路：65.95℃

正常：显示值与正常状态列中的数值相符。

结果：

① 若异常，则检查线束和连接器（环境温度传感器电路）。

② 若正常（根据故障症状表进行故障排除时），则继续检查故障症状表中所示的下一个电路。

③ 若正常（根据 DTC 进行故障排除时），则更换空调放大器。

3. 检查线束和连接器（环境温度传感器电路）

（1）将连接器从组合仪表连接器（图 8-10）上断开。

（2）根据表 8-9 中的值测量电阻。

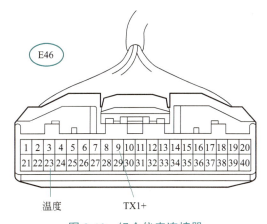

图 8-10　组合仪表连接器

表 8-9　组合仪表连接器标准电阻

检测仪连接	外部温度条件/℃	规定状态/kΩ
E46-9（TX1+）-E46-23（TEMP）	25	1.60～1.80
	40	0.80～1.00

提示：当温度上升时，电阻减小。

（3）将连接器重新连接到组合仪表上。若正常，则更换组合仪表。

（4）更换组合仪表。

提示：由于从车辆拆下时不能对组合仪表进行检查，应使用正常件将其更换，然后检查并确认状态恢复正常。

（5）检查 DTC。结果：若未输出 DTC B1412，则结束；若输出 DTC B1412，则更换空调放大器；若异常，则检查环境温度传感器。

4. 检查环境温度传感器

（1）将连接器从热敏电阻总成（环境温度传感器）上断开。

（2）根据图 8-11 和表 8-10 中的值测量电阻。

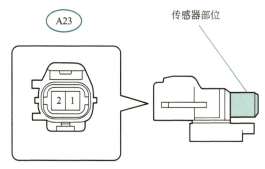

图 8-11　环境温度传感器连接器

表 8-10　环境温度传感器连接器标准电阻

检测仪连接	条件 /℃	规定状态 /kΩ
A23-1（SO+）-A23-2（SO-）	10	3.00～3.73
	15	2.45～2.88
	20	1.95～2.30
	25	1.60～1.80
	30	1.28～1.47
	35	1.00～1.22
	40	0.80～1.00
	45	0.65～0.85
	50	0.50～0.70
	55	0.44～0.60
	60	0.36～0.50

小心：
① 即使轻微接触传感器也可能会改变电阻值。确保握住传感器的连接器。
② 测量时，传感器温度必须与环境温度相同。
提示：随着温度升高，电阻减小。
结果：若异常，则更换环境温度传感器；若正常，则维修或更换线束或连接器（组合仪表-环境温度传感器）。

第四节　蒸发器温度传感器电路（B1413/13）故障诊断与排除

说明：蒸发器温度传感器（空调热敏电阻）安装在空调装置的蒸发器上。该传感器检测流过蒸发器的冷却空气的温度，其信号用来控制空调。它向空调放大器发送信号。蒸发器温度传感器电阻（空调热敏电阻）随着流过蒸发器的冷却空气温度的变化而变化。当温度下降时，电阻增大；当温度上升时，电阻减小。

空调放大器将电压（5V）施加到蒸发器温度传感器（空调热敏电阻）上，并且在蒸发器温度传感器的电阻改变时读取它的电压变化值。该传感器用来防止蒸发器冻结。

一、蒸发器温度传感器电路图（图8-12）

图8-12　蒸发器温度传感器电路图

二、检查流程

1. 读取智能检测仪的值

（1）将智能检测仪连接到DLC3。

（2）将点火开关置于 ON（IG）位置，并打开智能检测仪主开关。

（3）选择数据流（表 8-11）中的项目，并读取智能检测仪上显示的数值。

表 8-11　数据流

检测仪显示	测量项目 / 范围	正常状态	诊断备注
Evaporator Fin Thermistor（Evap Fin Temp）	蒸发器散热片热敏电阻 / 最低 -29.7℃；最高 59.55℃	显示实际的蒸发器温度	电路断路：-29.7℃ 电路短路：59.55℃

正常：显示值与正常状态列中的数值相符。

结果：

① 若异常，则检查蒸发器温度传感器。

② 若正常（根据故障症状表进行故障排除时），则继续检查故障症状表中所示的下一个电路。

③ 若正常（根据 DTC 进行故障排除时），则更换空调放大器。

2. 检查蒸发器温度传感器

（1）将连接器从蒸发器温度传感器连接器（图 8-13）上断开。

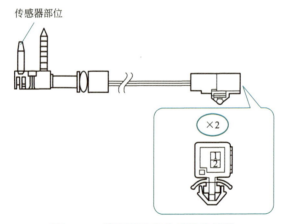

图 8-13　蒸发器温度传感器连接器

（2）根据表 8-12 中的值测量电阻。

表 8-12　蒸发器温度传感器连接器标准电阻

检测仪连接	条件 /℃	规定状态 /kΩ
×2-1-×2-2	-10	7.30～9.10

续表

检测仪连接	条件 /℃	规定状态 /kΩ
×2-1-×2-2	-5	5.65～6.95
	0	4.40～5.35
	5	3.40～4.15
	10	2.70～3.25
	15	2.14～2.58
	20	1.71～2.05
	25	1.38～1.64
	30	1.11～1.32

小心：
① 即使轻微接触传感器也可能会改变电阻值。确保握住传感器的连接器。
② 测量时，传感器温度必须与环境温度相同。

提示：随着温度升高，电阻减小。若异常，则更换蒸发器温度传感器；若正常，则检查空调线束。

3. 检查空调线束

（1）拆下空调线束连接器（图 8-14）。

（2）根据表 8-13 中的值测量电阻。若异常，则更换空调线束；若正常，则更换空调放大器。

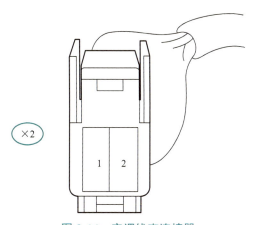

图 8-14　空调线束连接器

表 8-13　空调线束连接器标准电阻

检测仪连接	条件	规定状态
×1-6（TEA）- ×2-2	始终	小于 1Ω
×1-5（SGA）- ×2-1	始终	小于 1Ω
×1-6（TEA）- 车身搭铁	始终	10kΩ 或更大
×1-5（SGA）- 车身搭铁	始终	10kΩ 或更大

第五节　乘客侧阳光传感器电路（B1421/21）故障诊断与排除

说明：安装在仪表板上侧的阳光传感器在 AUTO 模式下用来探测阳光和控制空调。阳光传感器的输出电压根据日照量而改变。当日照量增加时，输出电压上升；当日照量减少时，输出电压下降。空调放大器检测阳光传感器输出的电压。

一、乘客侧阳光传感器电路图（图 8-15）

图 8-15　乘客侧阳光传感器电路图

二、检查流程

1. 读取智能检测仪的值

（1）将智能检测仪连接到 DLC3。

（2）将点火开关置于 ON（IG）位置，并打开智能检测仪主开关。

（3）将阳光传感器的感测部分暴露于灯光下。

提示：用白炽灯检查。

（4）选择数据流（表8-14）中的项目，并读取智能检测仪上显示的数值。

表8-14 数据流

检测仪显示	测量项目/范围	正常状态	诊断备注
Solar Sensor（D side） （Solar Sens-D）	驾驶员侧阳光传感器/ 最小0；最大255	驾驶员侧阳光传感器数值随着亮度的增加而增加	—

正常：显示值与正常状态列中的数值相符。

结果：

① 若异常，则检查线束和连接器（阳光传感器）。

② 若正常（根据故障症状表进行故障排除时），则继续检查故障症状表中所示的下一个电路。

③ 若正常（根据DTC进行故障排除时），则更换空调放大器。

2. 检查线束和连接器（阳光传感器）

（1）断开阳光传感器连接器。

（2）根据图8-16和表8-15中的值测量电压。若正常，则更换阳光传感器；若异常，则检查线束和连接器（阳光传感器-空调放大器）。

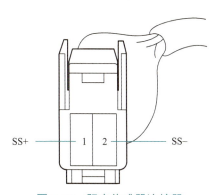

图8-16 阳光传感器连接器

表8-15 阳光传感器连接器标准电压

检测仪连接	条件	规定状态/V
F1-1（SS+）-F1-2（SS-）（*1）	点火开关：置于OFF位置	低于1

续表

检测仪连接	条件	规定状态 /V
F1-1（SS+）-F1-2（SS-）（*1）	点火开关：置于 ON（IG）位置	11～14
z1-1（SS+）-z1-2（SS-）（*2）	点火开关：置于 OFF 位置	低于 1
z1-1（SS+）-z1-2（SS-）（*2）	点火开关：置于 ON（IG）位置	11～14

3. 检查线束和连接器（阳光传感器－空调放大器）

（1）断开阳光传感器连接器（图 8-17）。

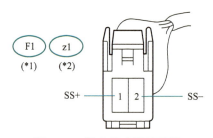

图 8-17　阳光传感器连接器

*1—带自动灯控；*2—不带自动灯控

（2）断开空调放大器连接器（图 8-18）。

（3）根据表 8-16 中的值测量电阻。若正常，则更换空调放大器；若异常，则维修或更换线束或连接器。

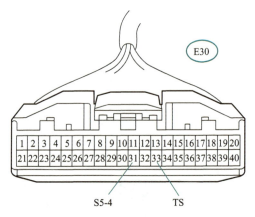

图 8-18　空调放大器连接器

表 8-16　空调放大器连接器标准电阻

检测仪连接	条件	规定状态
E30-33（TS）-F1-2（SS-）（*1）	始终	小于 1Ω
E30-31（S5-4）-F1-1（SS+）（*1）	始终	小于 1Ω
E30-33（TS）-z1-2（SS-）（*2）	始终	小于 1Ω
E30-31（S5-4）-z1-1（SS+）（*2）	始终	小于 1Ω
E30-33（TS）- 车身搭铁	始终	10kΩ 或更大
E30-31（S5-4）- 车身搭铁	始终	10kΩ 或更大

第六节　压力传感器电路（B1423/23）故障诊断与排除

说明：当高压侧制冷剂压力过低（0.19MPa 或更低）或过高（3.14MPa 或更高）时，输出此 DTC。安装在高压侧管上的压力传感器检测制冷剂压力，并将制冷剂压力信号输出至空调放大器。空调放大器根据传感器特性将该信号转换为压力，以控制压缩机。

一、压力传感器电路图（图 8-19）

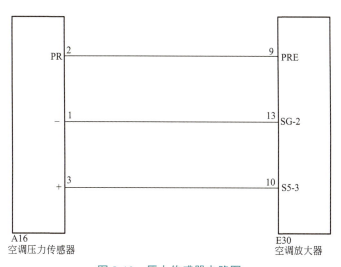

图 8-19　压力传感器电路图

二、检查流程

1. 检查线束和连接器(电源电路)

(1)将连接器从空调压力传感器上断开。

(2)根据图 8-20 和表 8-17 中的值测量电压。若异常,则检查线束和连接器(空调放大器 - 空调压力传感器);若正常,则检查线束和连接器(搭铁电路)。

图 8-20　空调压力传感器连接器

表 8-17　空调压力传感器连接器标准电压

检测仪连接	条件	规定状态 /V
A16-3(+)- 车身搭铁	点火开关置于 ON(IG)位置	约 5

2. 检查线束和连接器(搭铁电路)

根据图 8-21 和表 8-18 中的值测量电阻。若异常,则检查线束和连接器(空调放大器 - 空调压力传感器);若正常,则检查空调压力传感器(传感器信号电路)。

图 8-21　搭铁连接器

表 8-18　搭铁连接器标准电阻

检测仪连接	条件	规定状态 /Ω
A16-1（-）- 车身搭铁	始终	小于 1

3. 检查空调压力传感器（传感器信号电路）

（1）将连接器重新连接到空调压力传感器上。

（2）在连接器仍然连接的情况下，拆下空调放大器。

（3）根据图 8-22 和表 8-19 中的值测量电压。若异常，则检查线束和连接器（空调放大器 - 空调压力传感器）；若正常，则检查空调压力传感器（传感器信号电路）。

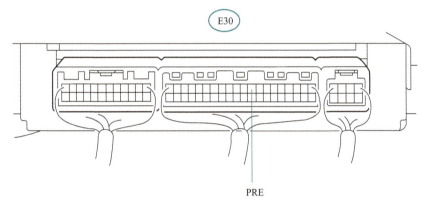

图 8-22　空调放大器连接器

表 8-19　空调放大器连接器标准电压（一）

检测仪连接	条件	规定状态 /V
E30-9（PRE）- 车身搭铁	点火开关置于 ON（IG）位置（空调：OFF）	0.7 ~ 4.8

提示：如果测量的电压不在正常范围内，则空调放大器、空调压力传感器或线束可能有故障，也可能是制冷剂量不合适。

4. 再次检查空调压力传感器（传感器信号电路）

（1）满足表 8-20 的条件后测量电压。

表 8-20　测量条件

项目	条件
车门	全开
温度设置	MAX COLD
鼓风机转速	HI
空调开关	ON
R/F 开关	RECIRCULATION
车内温度 /℃	25～35
发动机转速 /（r/min）	2000

小心：

① 如果在检查过程中高压侧制冷剂压力变得过高（若电压超过 4.8 V），则失效保护功能将停止压缩机的操作。因此，应在失效保护操作前测量电压。

② 必须每隔一定时间（约 10min）测量一下电压，因为一段时间后故障症状可能再次出现。

提示：当车外温度很低（低于 -1.5℃）时，压缩机会因环境温度和蒸发器温度传感器的操作而停止，以防止蒸发器冻结。在这种情况下，应在温暖的室内环境下执行检查。

（2）根据图 8-22 和表 8-21 测量电压。

表 8-21　空调放大器连接器标准电压（二）

检测仪连接	条件	规定状态 /V
E30-9（PRE）- 车身搭铁	点火开关置于 ON（IG）位置（空调：ON）	0.7～4.8

结果：

① 若异常，则检查冷却风扇系统。

② 若正常（根据故障症状表进行故障排除时），则继续检查故障症状表中所示的下一个电路。

③ 若正常（根据 DTC 进行故障排除时），则更换空调放大器。

5. 检查冷却风扇系统

检查并确认冷却风扇工作正常。若异常，则维修制冷风扇系统；若正常，则加注制冷剂。

6. 加注制冷剂

（1）使用制冷剂回收装置来回收制冷剂。

（2）排空空调系统。

（3）添加适量的制冷剂。

提示：如果添加了制冷剂但系统没有正确排空（真空时间不足），系统内残留空气中的湿气会在膨胀阀内冻结，堵塞高压侧制冷剂的流动。因此，为确认故障，应回收制冷剂并正确排空系统。添加适量的制冷剂，并检查 DTC。

7. 重新检查 DTC

满足表 8-20 的条件后重新检查 DTC。

小心：如果高压侧的制冷剂压力升高，将设置此 DTC。因此，必须每隔一定时间（约 10min）测量一下电压，因为在空调运行一段时间后可能设置该 DTC。

提示：

① 当外界温度很低（低于 -1.5℃）时，压缩机会因环境温度传感器和蒸发器温度传感器的操作而停止，以防止蒸发器冻结。在这种情况下，在暖的车内环境下执行检查。

② 如果制冷剂已添加而系统没有正确排空（真空时间不足），系统内残留空气中的湿气会在膨胀阀处冻结，堵塞高压侧的气流。因此，为确认故障，应回收制冷剂并正确排空系统。添加适量的制冷剂，并检查 DTC。如果本操作后没有输出 DTC，则表示冷凝器中的冷却器干燥器无法吸收制冷剂循环中的水分。在这种情况下，为完成维修，必须更换冷却器干燥器。

结果：若未输出 DTC B1423，则更换冷却器干燥器；若输出 DTC B1423，则更换膨胀阀。

8. 更换膨胀阀

换上正常的膨胀阀。

提示：之所以换上正常的膨胀阀，是因为膨胀阀卡住或阻塞了。

9. 再次检查 DTC

若未输出 DTC B1423，则结束；若输出 DTC B1423，则更换冷凝器。

第七节　乘客侧空气混合风门控制伺服电动机电路（B1441/41）故障诊断与排除

说明：空气混合风门伺服机构发送脉冲信号，将风门位置信息传送给空调放大器。空调放大器根据信号激活电动机（正常、反向），将空气混合风门（乘客座椅）移动到适当位置，调节通过蒸发器后流过加热器芯的空气流量，以控制鼓风温度。

一、乘客侧空气混合风门控制伺服电动机电路图（图 8-23）

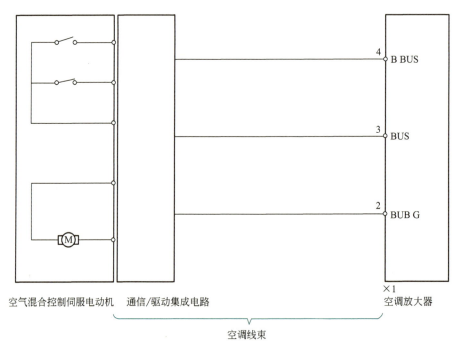

图 8-23　乘客侧空气混合风门控制伺服电动机电路图

二、检查流程

1. 读取智能检测仪的值

（1）将智能检测仪连接到 DLC3。
（2）将点火开关置于 ON（IG）位置，并打开智能检测仪主开关。
（3）操作温度调节开关。
（4）选择数据流（表 8-22）中的项目，并读取智能检测仪上显示的数值。

表 8-22　数据流

检测仪显示	测量项目/范围	正常状态	诊断备注
Air Mix Servo Targ Pulse（D） （Air Mix Pulse-D）	驾驶员侧空气混合伺服电动机目标脉冲/最小 0；最大 255	MAX.COLD：92（脉冲） MAX.HOT：5（脉冲）	—

结果：
① 若异常，则更换空气混合控制伺服电动机。
② 若正常（根据故障症状表进行故障排除时），则继续检查故障症状表中所示的下一个电路。
③ 若正常（根据 DTC 进行故障排除时），则更换空调放大器。

2. 更换空气混合控制伺服电动机

（1）由于从车辆拆下时不能对伺服电动机进行检查，因此应使用正常件将其更换，然后检查并确认状态恢复正常。
（2）检查 DTC。
结果：若未输出 DTC B1441/41，则结束；若输出 DTC B1441/41，则更换空调线束。

第八节　进气风门控制伺服电动机电路（B1442/42）故障诊断与排除

说明：风门伺服机构（进气控制）发送脉冲信号，将风门位置信息传递给空调放大器。空调放大器根据信号激活电动机（正常、反向），将进气风门移动到适当位置，以控制进气设置（新鲜空气、新鲜空气/再循环和再循环）。

一、进气风门控制伺服电动机电路图（图8-24）

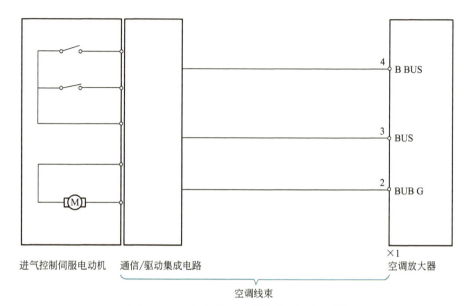

图8-24 进气风门控制伺服电动机电路图

二、检查流程

1. 读取故障码

（1）将智能检测仪连接到DLC3。
（2）将点火开关置于ON（IG）位置，并打开智能检测仪主开关。
（3）操作R/F（再循环/新鲜空气）开关。
（4）选择数据流（表8-23）中的项目，并读取智能检测仪上显示的数值。

表8-23 数据流

检测仪显示	测量项目/范围	正常状态	诊断备注
Air Inlet Damper Targ Pulse（A/I Damp Targ Pls）	进气风门目标脉冲/最小0；最大255	左驾驶车型 RECIRCULATION：19（脉冲） FRESH：7（脉冲） 右驾驶车型 RECIRCULATION：7（脉冲） FRESH：25（脉冲）	—

正常：显示值与正常状态列中的数值相符。

结果：
① 若异常，则更换进气控制伺服电动机。
② 若正常（根据故障症状表进行故障排除时），则继续检查故障症状表中所示的下一个电路。
③ 若正常（根据 DTC 进行故障排除时），则更换空调放大器。

2. 更换进气控制伺服电动机

（1）由于从车辆上拆下时不能对伺服电动机进行检查，因此应使用正常件将其更换，然后检查并确认状态恢复正常。

（2）检查 DTC。

结果：若未输出 DTC B1442/42，则结束；若输出 DTC B1442/42，则更换空调线束。

第九节　出气风门控制伺服电动机电路（B1443/43）故障诊断与排除

说明：模式风门伺服机构发送脉冲信号，将风门位置信息传递给空调放大器。空调放大器根据信号激活电动机（正常、反向），将风门移至控制出风转换的适当位置。

一、出气风门控制伺服电动机电路图（图 8-25）

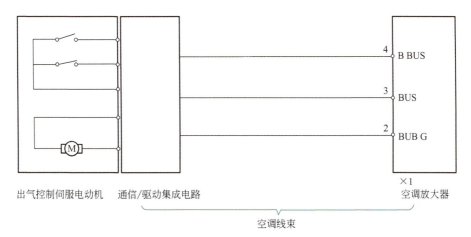

图 8-25　出气风门控制伺服电动机电路图

二、检查流程

1. 读取故障码

（1）将智能检测仪连接到 DLC3。
（2）将点火开关置于 ON（IG）位置，并打开智能检测仪主开关。
（3）操作 MODE 开关。
（4）选择数据流（表 8-24）中的项目，并读取智能检测仪上显示的数值。

表 8-24 数据流

检测仪显示	测量项目/范围	正常状态	诊断备注
Air Outlet Servo Pulse D（Air Out Pulse-D）	驾驶员侧出气风门伺服电动机目标脉冲/最小0；最大255	FACE：47（脉冲） B/L：37（脉冲） FOOT：17（脉冲） FOOT/DEF：9（脉冲） DEF：5（脉冲）	—

正常：显示值与正常状态列中的数值相符。
结果：
① 若异常，则更换出气控制伺服电动机。
② 若正常（根据故障症状表进行故障排除时），则继续检查故障症状表中所示的下一个电路。
③ 若正常（根据 DTC 进行故障排除时），则更换空调放大器。

2. 更换出气控制伺服电动机

（1）由于从车辆上拆下时不能对伺服电动机进行检查，因此应使用正常件将其更换，然后检查并确认状态恢复正常。
（2）检查 DTC。
结果：若未输出 DTC B1443/43，则结束；若输出 DTC B1443/43，则更换空调线束。

第十节 压缩机电磁阀电路（B1451/51）故障诊断与排除

说明：该电路中，压缩机接收来自空调放大器的制冷剂压缩请求信号。

基于该信号，压缩机改变输出量。

一、压缩机电磁阀电路图（图 8-26）

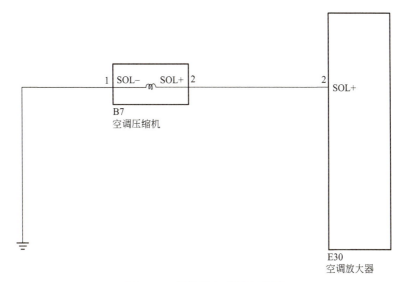

图 8-26　压缩机电磁阀电路图

二、检查流程

1. 检查空调压缩机

（1）断开空调压缩机连接器。

（2）根据图 8-27 和表 8-25 中的值测量电阻。

结果：若异常，则更换空调压缩机；若正常，则检查线束和连接器（空调压缩机 - 车身搭铁）。

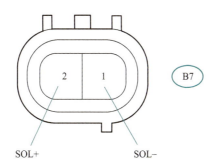

图 8-27　空调压缩机连接器（一）

表 8-25 空调压缩机连接器标准电阻（一）

检测仪连接	条件 /℃	规定状态 /Ω
B7-2（SOL+）-B7-1（SOL-）	20	10～11

2. 检查线束和连接器（空调压缩机-车身搭铁）

（1）断开空调压缩机连接器。

（2）根据图 8-28 和表 8-26 中的值测量电阻。

结果：若异常，则维修或更换线束或连接器；若正常，则检查线束和连接器（空调压缩机-空调放大器）。

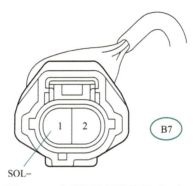

图 8-28　空调压缩机连接器（二）

表 8-26 空调压缩机连接器标准电阻（二）

检测仪连接	条件	规定状态 /Ω
B7-1（SOL-）-车身搭铁	始终	小于 1

3. 检查线束和连接器（空调压缩机-空调放大器）

（1）断开空调压缩机连接器（图 8-29）。

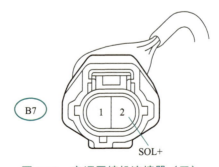

图 8-29　空调压缩机连接器（三）

（2）断开空调放大器连接器。

（3）根据图 8-30 和表 8-27 中的值测量电阻。

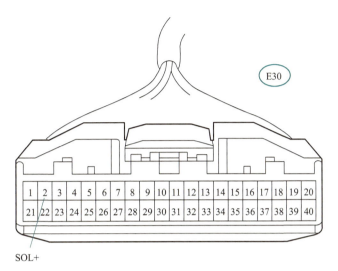

图 8-30　空调放大器连接器

表 8-27　空调放大器连接器标准电阻

检测仪连接	条件	规定状态
E30-2（SOL+）-B7-2（SOL+）	始终	小于 1Ω
E30-2（SOL+）- 车身搭铁	始终	10kΩ 或更大

结果：

① 若异常，则维修或更换线束或连接器。

② 若正常（根据故障症状表进行故障排除时），则继续检查故障症状表中所示的下一个电路。

③ 若正常（根据 DTC 进行故障排除时），则更换空调放大器

第十一节　BUS IC 通信故障（B1497/97）故障诊断与排除

说明：空调线束连接空调放大器和各伺服电动机。空调放大器通过空调线束向各伺服电动机供电和发送工作指令。各伺服电动机将风门位置信息发

送到空调放大器。

一、BUS IC 通信电路图（图 8-31）

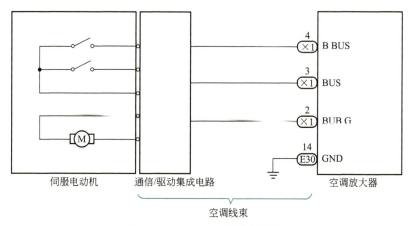

图 8-31　BUS IC 通信电路图

二、检查流程

1. 检查线束和连接器

（1）拆下空调放大器。

（2）将连接器从空调放大器（图 8-32）上断开。

（3）根据表 8-28 中的值测量电阻。

结果：若异常，则维修或更换线束或连接器；若正常，则检查空调放大器。

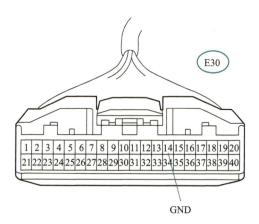

图 8-32　空调放大器连接器（一）

表 8-28　空调放大器连接器标准电阻（一）

检测仪连接	条件	规定状态 /Ω
E30-14（GND）- 车身搭铁	始终	小于 1

2. 检查空调放大器

（1）将连接器重新连接到空调放大器上。

（2）根据图 8-33 和表 8-29 中的值测量电阻。

结果：若异常，则更换空调放大器；若正常，则检查空调放大器。

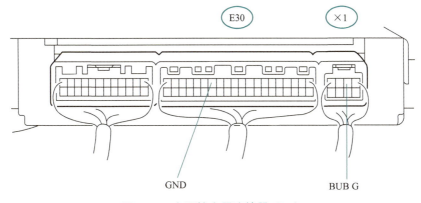

图 8-33　空调放大器连接器（二）

表 8-29　空调放大器连接器标准电阻（二）

检测仪连接	条件	规定状态 /Ω
×1-2（BUB G）-E30-14（GND）	始终	小于 1

3. 检查空调放大器

（1）将连接器（×1）从空调放大器上断开。

（2）根据图 8-34 和表 8-30 中的值测量电压。

结果：若异常，则更换空调放大器；若正常，则更换空调线束。

表 8-30　空调放大器连接器标准电压

检测仪连接	条件	规定状态 /V
×1-4（B BUS）- 车身搭铁	点火开关：置于 OFF 位置	低于 1
×1-4（B BUS）- 车身搭铁	点火开关：置于 ON（IG）位置	11～14

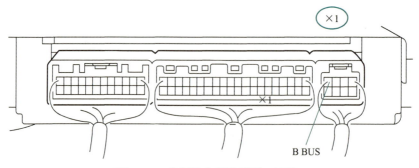

图 8-34 空调放大器连接器（三）

4. 更换空调线束

（1）由于将空调线束从车上拆下时不能对它进行检查，因此应用正常件将其更换，然后再检查并确认状态恢复正常。

（2）检查 DTC。

结果：若未输出 DTC B1497/97，则结束；若输出 DTC B1497/97，则更换空调放大器。

第十二节　鼓风机电动机电路故障诊断与排除

说明：来自空调放大器的信号使鼓风机电动机运转。用各种占空比控制鼓风机电动机的速度。

一、鼓风机电动机电路图（图 8-35）

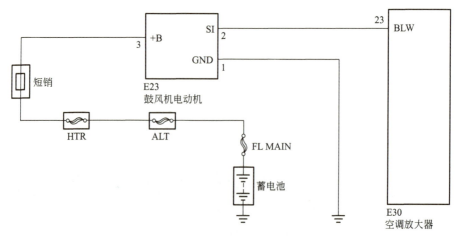

图 8-35　鼓风机电动机电路图

二、检查流程

1. 用检测仪进行主动测试

（1）将智能检测仪连接到 DLC3。

（2）将点火开关置于 ON（IG）位置，并打开智能检测仪主开关。

（3）选择主动测试（表 8-31）中的项目，然后检查并确认鼓风机电动机工作。

表 8-31 主动测试 / 空调

检测仪显示	测试部位	诊断备注
Blower Motor	鼓风机电动机 / 最小 0；最大 31	—

结果：

① 若正常，则继续检查故障症状表中所示的下一个电路。

② 若异常（鼓风机电动机不工作），则检查熔丝（HTR）。

③ 若异常（鼓风机电动机工作，但不能改变速度），则检查鼓风机电动机。

2. 检查熔丝（HTR）

（1）将熔丝（图 8-36）从发动机室继电器盒和接线盒上拆下。

（2）测量熔丝的电阻（表 8-32）。

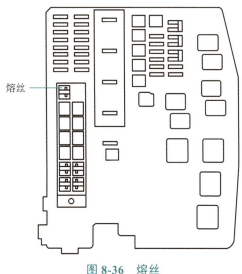

图 8-36 熔丝

表 8-32 熔丝标准电阻

检测仪项目	条件	规定状态 /Ω
熔丝	始终	小于 1

结果：若异常，则更换熔丝（HTR）；若正常，则检查线束和连接器（鼓风机电动机 - 车身搭铁）。

3. 检查线束和连接器（鼓风机电动机 – 车身搭铁）

（1）断开鼓风机电动机连接器。

（2）根据图 8-37 和表 8-33 中的值测量电阻。

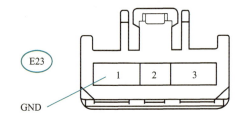

图 8-37 鼓风机电动机连接器（一）

表 8-33 鼓风机电动机连接器标准电阻（一）

检测仪连接	条件	规定状态 /Ω
E23-1（GND）- 车身搭铁	始终	小于 1

结果：若异常，则维修或更换线束或连接器；若正常，则检查线束和连接器（鼓风机电动机 - 蓄电池）。

4. 检查线束和连接器（鼓风机电动机 – 蓄电池）

（1）断开鼓风机电动机连接器。

（2）根据图 8-38 和表 8-34 中的值测量电压。

结果：若异常，则维修或更换线束或连接器；若正常，则检查线束和连接器（空调放大器 - 鼓风机电动机）。

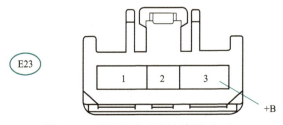

图 8-38 鼓风机电动机连接器（二）

表 8-34 鼓风机电动机连接器标准电压

检测仪连接	条件	规定状态 /V
E23-3（+B）- 车身搭铁	始终	11 ～ 14

5. 检查线束和连接器（空调放大器 – 鼓风机电动机）

（1）断开空调放大器连接器（图 8-39）。

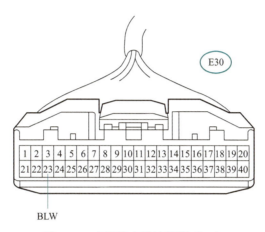

图 8-39　空调放大器连接器（一）

（2）根据图 8-40 和表 8-35 中的值测量电阻。

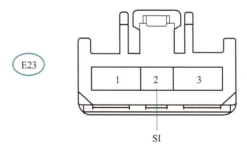

图 8-40　鼓风机电动机连接器（三）

表 8-35　鼓风机电动机标准电阻（二）

检测仪连接	条件	规定状态
E23-2（SI）-E30-23（BLW）	始终	小于 1Ω
E23-2（SI）- 车身搭铁		10kΩ 或更大

结果:若异常,则维修或更换线束或连接器;若正常,则检查鼓风机电动机。

6. 检查鼓风机电动机

(1) 将连接器重新连接至鼓风机电动机。
(2) 根据图 8-39 和表 8-36 中的值测量空调放大器连接器侧的电压。

表 8-36 空调放大器连接器标准电压

检测仪连接	条件	规定状态 /V
E30-23(BLW)- 车身搭铁	点火开关:置于 ON(IG)位置	4.5~5.5

结果:若异常,则更换鼓风机电动机;若正常,则检查空调放大器。

7. 检查空调放大器

(1) 拆下空调放大器。
(2) 将连接器重新连接到空调放大器上(图 8-41)。

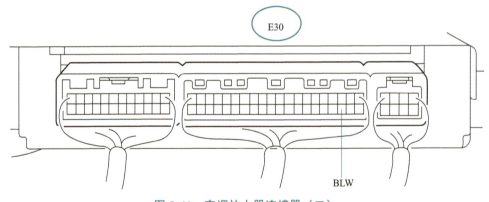

图 8-41 空调放大器连接器(二)

(3) 将点火开关置于 ON(IG)位置。
(4) 将鼓风机开关置于 ON 位置。
(5) 测量空调放大器端子 E30-23(BLW)和车身搭铁之间的波形(图 8-42 和表 8-37)。

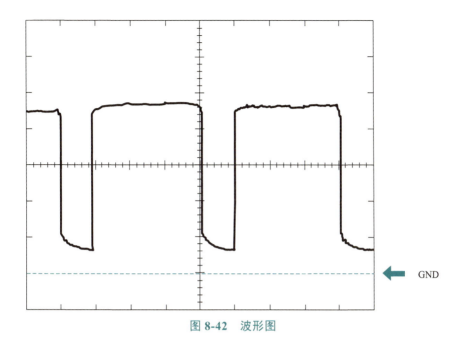

图 8-42 波形图

表 8-37 测试项目和内容

项目	内容
工具设置	1V/格，500μs/格
车辆状况	点火开关：置于 ON（IG）位置 鼓风机开关：ON

正常：波形如图 8-42 所示。

提示：波形随着鼓风机速度等级而变化。

结果：若异常，则更换空调放大器；若正常，则继续检查故障症状表中所示的下一个电路。

第十三节 加热器控制面板电源电路故障诊断与排除

说明：蓄电池电压通过 ECU-IG No.2 熔丝向空调控制总成供电。

一、加热器控制面板电源电路图（图 8-43）

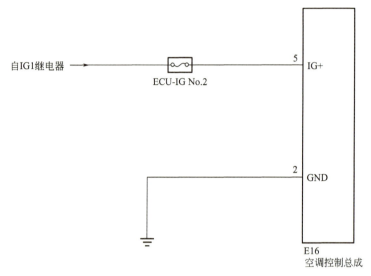

图 8-43　加热器控制面板电源电路图

二、检查流程

1. 检查线束和连接器（IG+ - 车身搭铁）

（1）将连接器从空调控制总成上断开。

（2）根据图 8-44 和表 8-38 中的值测量电压。

结果：若异常，则维修或更换线束或连接器；若正常，则检查线束和连接器（GND - 车身搭铁）。

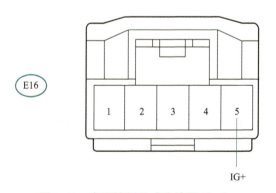

图 8-44　空调控制总成连接器（一）

表 8-38 空调控制总成连接器标准电压

检测仪连接	条件	规定状态 /V
E16-5（IG+）- 车身搭铁	点火开关：置于 ON（IG）位置	11～14
	点火开关：置于 OFF 位置	低于 1

2. 检查线束和连接器（GND - 车身搭铁）

根据图 8-45 和表 8-39 中的值测量电阻。

结果：若异常，则维修或更换线束或连接器；若正常，则继续检查故障症状表中所示的下一个电路。

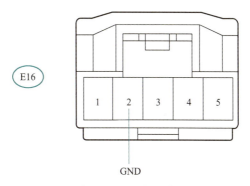

图 8-45 空调控制总成连接器（二）

表 8-39 空调控制总成连接器标准电阻

检测仪连接	条件	规定状态 /Ω
E16-2（GND）- 车身搭铁	始终	小于 1

第十四节　PTC 加热器电路故障诊断与排除

说明：PTC 加热器安装在加热器装置的散热器内，它在冷却水温度很低且正常加热器效率不足时工作。

空调控制总成切换 PTC 继电器内电路的通断，并且在工作条件满足（冷却水的温度低于 65℃、设置温度为 MAX. HOT、环境温度低于 10℃ 且鼓风机开关没有置于 OFF 位置）时操作 PTC 加热器。

PTC 加热器根据电气负载或交流发电机的输出量控制其线路。因此，应在其他电气部件关闭的情况下执行故障排除。

一、PTC 加热器电路图（图 8-46）

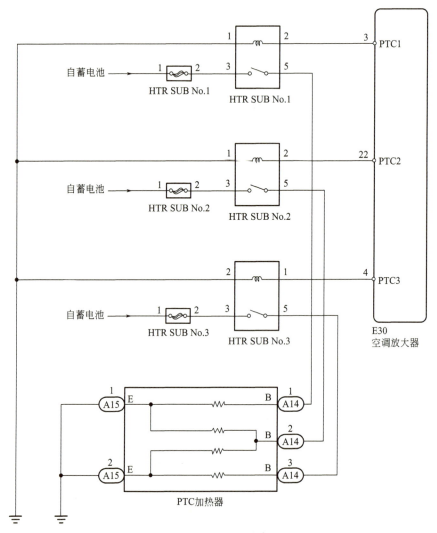

图 8-46　PTC 加热器电路图

二、检查流程

1. 检查熔丝（HTR SUB No. 1，HTR SUB No. 2，HTR SUB No. 3）

（1）将 HTR SUB No. 1、HTR SUB No. 2 和 HTR SUB No. 3 熔丝从发动机室继电器盒及接线盒上拆下。

（2）根据表 8-40 中的值测量电阻。

表 8-40　标准电阻

检测仪项目	条件	规定状态 /Ω
HTR SUB No.1 熔丝	始终	小于 1
HTR SUB No.2 熔丝		
HTR SUB No.3 熔丝		

（3）将 HTR SUB No. 1、HTR SUB No. 2 和 HTR SUB No. 3 熔丝安装至发动机室继电器盒及接线盒。

结果：若异常，则更换熔丝（HTR SUB No. 1，HTR SUB No. 2，HTR SUB No. 3）；若正常，则检查继电器（HTR SUB No. 1，HTR SUB No. 2，HTR SUB No. 3）。

2. 检查继电器（HTR SUB No. 1，HTR SUB No. 2，HTR SUB No. 3）

（1）将 HTR SUB No. 1、HTR SUB No. 2 和 HTR SUB No. 3 继电器从发动机室 7 号继电器盒上拆下。

（2）根据图 8-47 和表 8-41 中的值测量电阻。

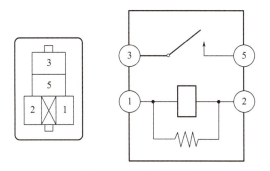

图 8-47　继电器电路

表 8-41　继电器电路标准电阻

检测仪连接	规定状态
3-5	10kΩ 或更大
	小于 1Ω（当蓄电池电压施加到端子 1 和 2 时）

（3）将 HTR SUB No. 1、HTR SUB No. 2 和 HTR SUB No. 3 继电器安装至发动机室 7 号继电器盒。

结果：若异常，则更换继电器（HTR SUB No. 1，HTR SUB No. 2，

HTR SUB No. 3）；若正常，则检查线束和连接器（发动机室 7 号继电器盒 - 空调放大器、车身搭铁）。

3. 检查线束和连接器（发动机室 7 号继电器盒 - 空调放大器、车身搭铁）

（1）将连接器从空调放大器上断开（图 8-48）。

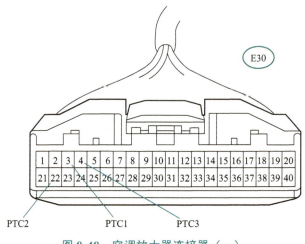

图 8-48　空调放大器连接器（一）

（2）将 HTR SUB No. 1、HTR SUB No. 2 和 HTR SUB No. 3 熔丝从发动机室 7 号继电器盒上拆下。

（3）根据图 8-49 和表 8-42 中的值测量电阻。

结果：若异常，则维修或更换线束或连接器；若正常，则检查空调放大器。

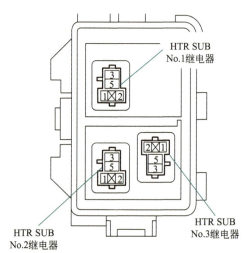

图 8-49　继电器

表 8-42 继电器标准电阻

检测仪连接	条件	规定状态
E30-3（PTC1）-HTR SUB No.1 继电器端子 2	始终	小于 1Ω
E30-22（PTC2）-HTR SUB No.2 继电器端子 2		小于 1Ω
E30-4（PTC3）-HTR SUB No.3 继电器端子 1		小于 1Ω
E30-3（PTC1）- 车身搭铁		10kΩ 或更大
E30-22（PTC2）- 车身搭铁		10kΩ 或更大
E30-4（PTC3）- 车身搭铁		10kΩ 或更大
HTR SUB No.1 继电器端子 1- 车身搭铁		小于 1Ω
HTR SUB No.2 继电器端子 1- 车身搭铁		小于 1Ω
HTR SUB No.3 继电器端子 2- 车身搭铁		小于 1Ω

4. 检查空调放大器

（1）在连接器仍然连接的情况下，拆下空调放大器。

（2）根据图 8-50 和表 8-43 中的值测量电压。

结果：若异常，则继续检查故障症状表中所示的下一个电路；若正常，则检查 PTC 加热器。

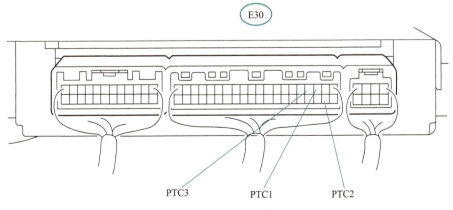

图 8-50　空调放大器连接器（二）

表 8-43　空调放大器连接器标准电压

检测仪连接	条件	规定状态 /V
E30-3（PTC1）- 车身搭铁	点火开关置于 ON（IG）位置 温度设置：MAX.HOT 环境温度：10℃ 或更低 发动机冷却液温度：65℃ 或更低 鼓风机开关：OFF	低于 1
E30-3（PTC1）- 车身搭铁	发动机运转（1250r/min 或更高） 温度设置：MAX.IIOT 环境温度：10℃ 或更低 发动机冷却液温度：65℃ 或更低 鼓风机开关：ON	11～14
E30-22（PTC2）- 车身搭铁	点火开关置于 ON（IG）位置 温度设置：MAX.HOT 环境温度：10℃ 或更低 发动机冷却液温度：65℃ 或更低 鼓风机开关：OFF	低于 1
E30-22（PTC2）- 车身搭铁	发动机运转（1250r/min 或更高） 温度设置：MAX.HOT 环境温度：10℃ 或更低 发动机冷却液温度：65℃ 或更低 鼓风机开关：ON	11～14
E30-4（PTC3）- 车身搭铁	点火开关置于 ON（IG）位置 温度设置：MAX.HOT 环境温度：10℃ 或更低 发动机冷却液温度：65℃ 或更低 鼓风机开关：OFF	低于 1
E30-4（PTC3）- 车身搭铁	发动机运转（1250r/min 或更高） 温度设置：MAX.HOT 环境温度：10℃ 或更低 发动机冷却液温度：65℃ 或更低 鼓风机开关：ON	11～14

5. 检查 PTC 加热器

（1）将连接器从 PTC 加热器上断开。

（2）根据图 8-51 和表 8-44 中的值测量电阻。

结果：若异常，则更换 PTC 加热器；若正常，则维修或更换线束或连接器。

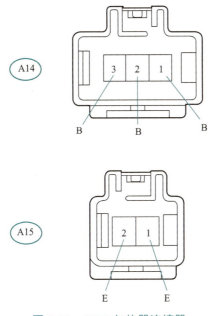

图 8-51　PTC 加热器连接器

表 8-44　PTC 加热器连接器标准电阻

检测仪连接	条件	规定状态 /Ω
A14-1（B）-A15-1（E）	始终	小于 1
A14-2（B）-A15-2（E）	始终	小于 1
A14-2（B）-A15-1（E）	始终	小于 1
A14-3（B）-A15-2（E）	始终	小于 1

第十五节　前大灯信号电路故障诊断与排除

说明：空调放大器接收前大灯照明信号，并使用此信号来判断电气负载情况。电气负载信号是 PTC 加热器线路控制的一个因素。

一、前大灯信号电路图（图 8-52）

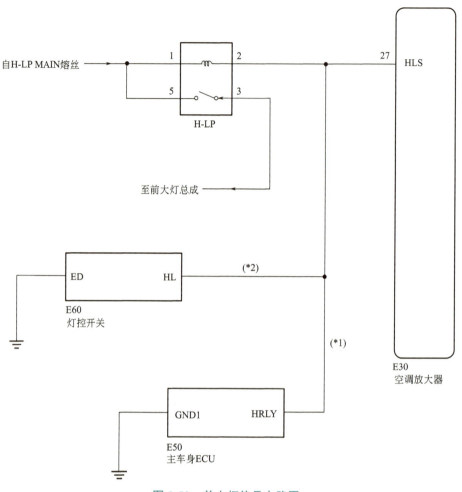

图 8-52 前大灯信号电路图

*1—带自动灯控；*2—不带自动灯控

二、检查流程

1. 检查前大灯

（1）检查当灯控开关置于 HEAD 位置时前大灯是否亮起。

正常：前大灯亮起。

结果：若异常，则检查照明系统；若正常，则检查线束和连接器（前大灯信号）。

2. 检查线束和连接器（前大灯信号）

（1）将连接器从空调放大器上断开。

（2）根据图 8-53 和表 8-45 中的值测量电压。

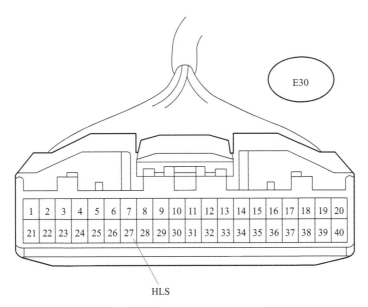

图 8-53 空调放大器连接器

表 8-45 空调放大器连接器标准电压

检测仪连接	条件	规定状态 /V
E30-27（HLS）- 车身搭铁	灯控开关：OFF	11～14
	灯控开关：HEAD	低于 1

结果：若异常，则维修或更换线束或连接器；若正常，则继续检查故障症状表中所示的下一个电路。

第十六节　发电机信号电路故障诊断与排除

说明：发动机启动时，发电机转动并产生脉冲电压信号。该信号由空调放大器使用。发电机输出的一个数量信号是 PTC 加热器线路控制的一个因素。

一、发电机信号电路图（图 8-54）

图 8-54　发电机信号电路图

二、检查流程

1. 检查发电机

结果：若异常，则更换发电机；若正常，则检查线束和连接器（空调放大器 - 发电机）。

2. 检查线束和连接器（空调放大器 - 发电机）

（1）将连接器从空调放大器上断开。

（2）将连接器从发电机上断开。

（3）根据图 8-55 和表 8-46 中的值测量电阻。

结果：若异常，则维修或更换线束或连接器；若正常，则继续检查故障症状表中所示的下一个电路。

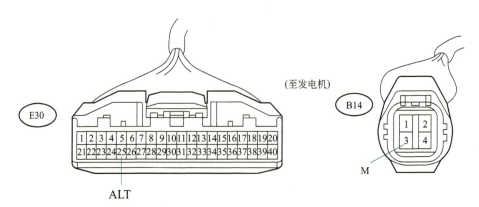

图 8-55　空调放大器连接器

表 8-46 空调放大器连接器标准电阻

检测仪连接	条件	规定状态
E30-25（ALT）-B14-3（M）	始终	小于 1Ω
E30-25（ALT）- 车身搭铁		10kΩ 或更大

第十七节　IG 电源电路故障诊断与排除

说明：点火开关置于 ON（IG）位置时，主电源向空调放大器供电。电源用于操纵空调放大器和伺服电动机等。

一、IG 电源电路图（图 8-56）

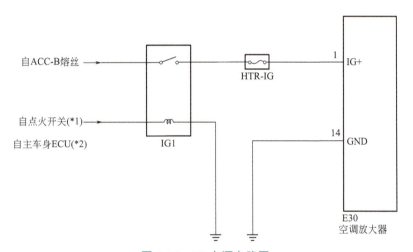

图 8-56　IG 电源电路图

*1—不带智能上车和启动系统；*2—带智能上车和启动系统

二、检查流程

检查前启动发动机。如果发动机不能启动，请检查 IG1 继电器或蓄电池。

1. 检查熔丝（HTR-IG）

（1）将熔丝从仪表板接线盒上拆下。

（2）根据图 8-57 和表 8-47 中的值测量电阻。

结果：若异常，则更换熔丝（HTR-IG）；若正常，则检查空调放大器（IG+ - GND）。

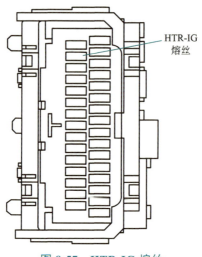

图 8-57　HTR-IG 熔丝

表 8-47　HTR-IG 熔丝标准电阻

检测仪项目	条件	规定状态 /Ω
HTR-IG 熔丝	始终	小于 1

2. 检查空调放大器（IG+-GND）

（1）在连接器仍然连接的情况下，拆下空调放大器。

（2）将点火开关置于 ON（IG）位置。

（3）根据图 8-58 和表 8-48 中的值测量电压。

结果：若正常，则继续检查故障症状表中所示的下一个电路；若异常，则检查线束和连接器（空调放大器 - 蓄电池）。

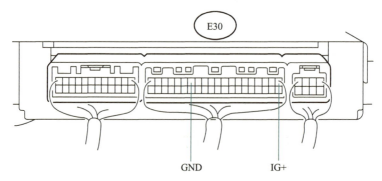

图 8-58　空调放大器连接器（一）

表 8-48 空调放大器连接器标准电压（一）

检测仪连接	条件	规定状态 /V
E30-1（IG+）-E30-14（GND）	点火开关：置于 ON（IG）位置	11～14

3. 检查线束和连接器（空调放大器 - 蓄电池）

（1）断开空调放大器连接器。

（2）根据图 8-59 和表 8-49 中的值测量电压。

结果：若异常，则维修或更换线束或连接器；若正常，则检查线束和连接器（空调放大器 - 车身搭铁）。

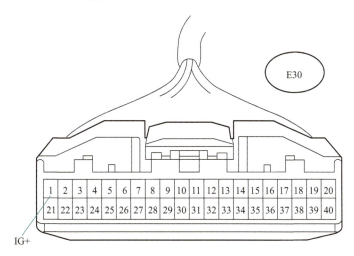

图 8-59　空调放大器连接器（二）

表 8-49　空调放大器连接器标准电压（二）

检测仪连接	条件	规定状态 /V
E30-1（IG+）- 车身搭铁	点火开关：置于 OFF 位置	低于 1
	点火开关：置于 ON（IG）位置	11～14

4. 检查线束和连接器（空调放大器 - 车身搭铁）

（1）断开空调放大器连接器。

（2）根据图 8-60 和表 8-50 中的值测量电阻。

结果：若异常，则维修或更换线束或连接器；若正常，则更换空调放大器。

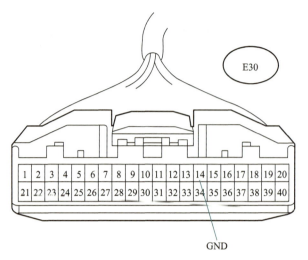

图 8-60 空调放大器连接器（三）

表 8-50 空调放大器连接器标准电阻（三）

检测仪连接	条件	规定状态 /Ω
E30-14（GND）- 车身搭铁	始终	小于 1

第十八节 LIN 通信电路故障诊断与排除

说明：开关等的工作信号在空调控制总成的端子 LIN1 和空调放大器的端子 LIN1 之间交换。

一、LIN 通信电路图（图 8-61）

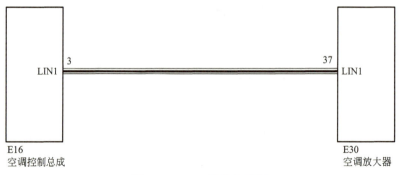

图 8-61 LIN 通信电路图
═══ LIN

二、检查流程

1. 检查线束和连接器（空调控制总成 – 空调放大器）

（1）将连接器从空调控制总成上断开（图 8-62）。

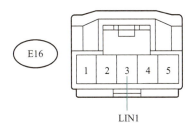

图 8-62　空调控制总成连接器

（2）将连接器从空调放大器上断开。

（3）根据图 8-63 和表 8-51 中的值测量电阻。

结果：若异常，则维修或更换线束或连接器；若正常，则继续检查故障症状表中所示的下一个电路。

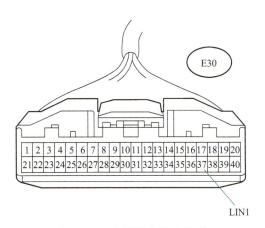

图 8-63　空调放大器连接器

表 8-51　空调放大器连接器标准电阻

检测仪连接	条件	规定状态
E30-37（LIN1）-E16-3（LIN1）	始终	小于 1Ω
E30-37（LIN1）- 车身搭铁		10kΩ 或更大

参 考 文 献

[1] 周晓飞. 汽车维修从入门到精通 [M]. 北京：化学工业出版社，2018.

[2] 张能武. 汽车电子元器件识别与检测 [M]. 北京：化学工业出版社，2018.

[3] 姚科业. 图解汽车传感器识别·检测·拆装·维修（双色图解精华版）[M]. 北京：化学工业出版社，2017.

[4] 李玉茂. 汽车发动机电控系统原理与维修 [M]. 北京：机械工业出版社，2010.

欢迎订购化工版汽车图书

书号	书名	定价/元	出版时间
27643	新能源汽车关键技术	88.00	2017.1
32369	智能交通与无人驾驶	88.00	2018.10
30420	图解汽车传感器识别·检测·拆装·维修（双色图解精华版）	59.00	2017.10
30852	电动汽车结构·原理·应用（第二版）	98.00	2018.1
33030	汽车常见故障识别·检测·诊断·分析·排除	88.00	2019.1
32944	汽车维修从入门到精通（全彩图解+视频教学）	99.00	2018.11
21170	汽车电工入门全程图解	29.00	2014.10
20525	汽车维修工入门全程图解	29.00	2014.8
30770	教你成为一流汽车电工（第二版）	69.80	2018.1
29458	教你成为一流汽车维修工（第二版）	59.80	2017.7
31984	汽车车载自动诊断系统维修百日通	66.00	2018.8
32056	汽车控制器与执行器维修百日通	65.00	2018.8
29712	汽车构造与原理百日通	69.00	2017.8
25172	汽车发动机构造·检测·拆装·维修	68.00	2016.1
25320	汽车底盘构造·检测·拆装·维修	48.00	2016.1
33916	新款汽油发动机维修数据速查（2012～2018年）	88.00	2019.5
33918	新款柴油发动机维修数据速查（2012～2018年）	88.00	2019.5
33612	新能源混合动力汽车常用维修资料速查	88.00	2019.4
33651	新能源纯电动汽车常用维修资料速查	88.00	2019.4
24823	汽车维修技师综合技能全程图解	29.00	2016.1
30423	汽车知识与探秘	39.90	2018.1
33539	新款高档汽车正时校对图解大全	189.00	2019.5
25568	驾驶员必知养车修车用车1500招	49.80	2016.2
32166	这样学交规驾照不扣分	49.80	2018.9

续表

书号	书名	定价/元	出版时间
26469	轻松学车考证（师傅版）	39.90	2016.5
26470	轻松学车考证（徒弟版）	39.90	2016.5
25531	轻松学车考证（2016：C1/C2/C3/C5全彩色版）	39.90	2016.1
30327	汽车驾驶全程图解（自动挡：配动画视频版）	59.80	2017.10
30328	汽车驾驶全程图解（手动挡：配动画视频版）	59.80	2017.10
28022	汽车诊断技能全程图解	68.00	2017.1
28314	教你成为一流汽车诊断师	39.00	2017.1
28552	教你成为一流汽车钣金喷漆工（第二版）	39.00	2017.1
25425	教你成为一流汽车维修技师（升级版）	39.00	2016.1

以上图书由化学工业出版社·汽车出版中心出版。如要以上图书的内容简介和详细目录，或者更多的专业图书信息，请登录 http://www.cip.com.cn 。如要出版新著，请与编辑联系。

地址：北京市东城区青年湖南街13号（100011）　购书咨询：010-64518888（传真：010-64519686）
联系电话：010-64519275　　　　**联系邮箱：huangying0436@163.com**